民國滬上初版書·復制版

中國理學史

賈豐臻 著

上海三联书店

图书在版编目(CIP)数据

中国理学史／贾丰臻著．——上海：上海三联书店，2014.3
(民国沪上初版书·复制版)
ISBN 978-7-5426-4653-8
Ⅰ.①中… Ⅱ.①贾… Ⅲ.①理学—哲学史—中国 Ⅳ.①B244
中国版本图书馆CIP数据核字(2014)第038253号

中国理学史
著　　者／贾丰臻
责任编辑／陈启甸 王倩怡
封面设计／清风
策　　划／赵炬
执　　行／取映文化
加工整理／嘎拉 江岩 牵牛 莉娜
监　　制／吴昊
责任校对／笑然

出版发行／上海三联书店
(201199)中国上海市闵行区都市路4855号2座10楼
网　　址／http://www.sjpc1932.com
邮购电话／021-24175971
印刷装订／常熟市人民印刷厂

版　　次／2014年3月第1版
印　　次／2014年3月第1次印刷
开　　本／650×900　1/16
字　　数／195千字
印　　张／17
书　　号／ISBN 978-7-5426-4653-8/B·349
定　　价／86.00元

民国沪上初版书·复制版

出版人的话

如今的沪上，也只有上海三联书店还会使人联想起民国时期的沪上出版。因为那时活跃在沪上的新知书店、生活书店和读书出版社，以至后来结合成为的三联书店，始终是中国进步出版的代表。我们有责任将那时沪上的出版做些梳理，使曾经推动和影响了那个时代中国文化的书籍拂尘再现。出版“民国沪上初版书·复制版”，便是其中的实践。

民国的“初版书”或称“初版本”，体现了民国时期中国新文化的兴起与前行的创作倾向，表现了出版者选题的与时俱进。

民国的某一时段出现了春秋战国以后的又一次百家争鸣的盛况，这使得社会的各种思想、思潮、主义、主张、学科、学术等等得以充分地著书立说并传播。那时的许多初版书是中国现代学科和学术的开山之作，乃至今天仍是中国学科和学术发展的基本命题。重温那一时期的初版书，对应现时相关的研究与探讨，真是会有许多联想和启示。再现初版书的意义在于温故而知新。

初版之后的重版、再版、修订版等等，尽管会使作品的内容及形式趋于完善，但却不是原创的初始形态，再受到社会变动施加的某些影响，多少会有别于最初的表达。这也是选定初版书的原因。

民国版的图书大多为纸皮书，精装（洋装）书不多，而且初版的印量不大，一般在两三千册之间，加之那时印制技术和纸张条件的局限，几十年过来，得以留存下来的有不少成为了善本甚或孤本，能保存完好无损的就更稀缺了。因而在编制这套书时，只能依据辗转找到的初版书复制，尽可能保持初版时的面貌。对于原书的破损和字迹不清之处，尽可能加以技术修复，使之达到不影响阅读的效果。还需说明的是，复制出版的效果，必然会受所用底本的情形所限，不易达到现今书籍制作的某些水准。

民国时期初版的各种图书大约十余万种，并且以沪上最为集中。文化的创作与出版是一个不断筛选、淘汰、积累的过程，我们将尽力使那时初版的精品佳作得以重现。

我们将严格依照《著作权法》的规则，妥善处理出版的相关事务。

感谢上海图书馆和版本收藏者提供了珍贵的版本文献，使“民国沪上初版书·复制版”得以与公众见面。

相信民国初版书的复制出版，不仅可以满足社会阅读与研究的需要，还可以使民国初版书的内容与形态得以更持久地留存。

2014 年 1 月 1 日

中國理學史

賈豐臻著

中華民國二十五年十二月初版

代序

豐臻編輯中國理學史後，發覺有許多不相干的閒話，要和閱者講講，姑且陸續書下來。

我敢大膽地說中國以前只有理學，沒有甚麼叫做哲學。那周易極像是哲學書，不過翻開周易一看，如首卦爲乾，乾爲天象，頗像哲學，但是文王作卦辭，「乾元亨利貞，」孔子作文言，「元者善之長也，亨者嘉之會也，利者義之和也，貞者事之幹也，」這豈不明明是理學麼？孔子又作象辭，「天行健，君子以自強不息，」「地勢坤，君子以厚德載物，」「雲雷屯，君子以經綸，」「山下出泉蒙，君子以果行育德，」……這豈不明明是理學麼？又宋楊慈湖作己易啓蔽，說：「天地吾之天地，變化我之變化，非他物也。」「天者吾性中之象，地者吾性中之形，故曰：『在天成象，在地成形，』皆我之所爲也，」清李二曲因心體論易，說：「求易於易，不若求易於己；人當未與物接，一念不起，即此便是『無極而太極』及事至念起，惺惺處，即此便是『太極之動而陽。』一念知斂處，即此便是『太極之靜而陰。』無時無刻而不以去欲存理爲務，卽此便是『天行健，君子以自強不息。』人欲淨盡而天理流行，卽此便是『乾之剛健中正純粹精。』希顏之愚，效曾之魯，斂華就實，一味韜晦，卽此便是『歸藏於坤。』親師取友，麗澤求益，見善則遷，如風之疾，有過則改，如雷之勇；時止則止，時行則行；見可而進，知難而退，動靜不失，繼明以照四方；則兌巽震艮坎離一一在己而不在易矣。」這豈不明明是理學麼？又子思作中庸，說：「天命之謂性；」「誠者天之道也；」「自誠明謂之性。」周濂溪作太極圖，說：「太極生陽生陰生五行生萬物，惟人得其秀而最靈。」張橫渠作西銘，說：「乾稱父，坤稱母，予茲藐焉，乃混然中處；故天地之塞吾其體，天地之帥吾其性。」頗像是哲學。但是中庸又說：「率性之謂道，修道之謂教，」「誠之者人之道也。」「自明誠謂之教。」太極圖說又說：「五性感動而善惡分，萬事出矣，聖人定之以中正仁義，立人極焉。」西銘又說：「尊高年所以長其長，慈孤弱所以幼其幼，……不愧屋漏爲無忝，存心養性爲匪懈。」這豈不明明是理學麼？說理學的方面多，說哲學的方面絕無而僅有；故論語載：「子貢曰，夫子之文章可得而聞也；夫子之言性與天道，不可得而聞也。」「季路問事鬼神；子曰：『未能事人，焉能事鬼？』敢問死；曰『未知生，焉知死？』」中庸載：「至誠之道，可以前知，……禍福將至，善必先知之，不善必先知之，故至誠如神。」而又說：「誠者自成也而道自道也。」一說去說來，終覺得理學方面超過哲學方面，這豈不是中國的特色麽？如拿西洋的哲學史來比較，什麽叫做宗教派，神秘學派，經驗派，形而上學派，觀念論派，實在論派，直覺論派，功利論派，進化論派，無論怎樣說法，天道和人道終究說成兩橛，不能合攏一起，怎能和中國理學相提並論呢？

我又敢大膽地說中國以前只有理學，沒有甚麽叫做科學。曾子作大學，有格物致知章，可惜其義已亡，朱子取程子意以補之：「所謂致知在格物者，言欲致吾之知，在卽物而窮其理也；蓋人心之靈，莫不有知，而天下之物，莫不有理，惟於理有未窮，故其知有不盡也；是以大學始教，必使學者卽凡天下之物，莫不因其已知之理而益窮之，以求至乎其極，至於用力之久，而一旦豁然貫通焉，則衆物之表裏精粗無不到，而吾心之全體大用無不明矣；此謂物格，此謂知之至也。」吾友黃君他解釋格物致知說：「格物近於現代所謂感覺問題，物格近於現代所謂認識問題，致知近於現代所謂研究問題，知至近於現代所謂解決問題；今試將緡蠻一段爲例：『緡蠻黃鳥』——格物，『止於丘隅』——物格，『於止知其所止』——致知，『可以人而不如鳥乎』——知至。再舉朱子七絕一首爲例：『半畝方塘一鑑開』——格物，『天光雲影共徘徊』——物格，『問渠那得清如許』——致知，『爲有源頭活水來』——知至。比如說日光吧日光——格物日光溫暖——物格，我們做人，應得如日光的溫暖，——致知，要使不溫暖便冷酷得不成世界了，——知至。再說空氣吧。空氣——格物，空氣清新——物格，人的腦力，應清新如空氣，——致知，要使不清新便會變陳腐了，——知至」這兩段，都將物字作本義解，前清中學以上，如博物物理化學各科，稱爲格致科，就是此意。不過王陽明以爲大學八條目，是聯成一片的，曰「欲，」曰「先，」曰「在，」曰「而后，」無論文理和語意，都是「一以貫之」的。所以陽明說「『格物致知，』當求諸心，不當求諸物，」「若我所謂『致知格物』者，致吾心之良知於事事物物也，吾心之良知，卽所謂天理也，致吾心良知之天理於事事物物，則事事物物皆得其理矣；致吾心之良知者，致知也，事事物物皆得其理者，格物也，是合心與理而爲一者也。」照這樣看來，陽明的解釋，比較的說得過去了。但是只有理學，而科學越看越遠了。總而言之，中國人和西洋各國人不同，中國人看見烏反哺，羊跪乳，而想到怎樣事親？看見鴻雁行列，而想到怎樣敬兄？看見鴛鴦交頸，而想到夫婦愛情怎樣？看到迅雷烈風，而想到怎樣敬天之怒？看到地震山崩，而想到怎樣修省齋戒？他的「格物致知，」是屬於理學的。西洋各國人不是這樣的；他們看見菓子在樹上落地，就發明地心引力；看見熱水壺蓋蒸而炊動，就發明蒸汽機關；看見摩擦生電，就發明電氣機關；又從槍礮戰爭而發明毒氣戰爭；光線戰爭；從海陸戰爭，而發明天空戰爭；他的「格物致知」是屬於科學的。雙方又怎能相提並論呢？

目錄

第三編　中古理學史

中國理學史

第一編 緒言

什麼叫做理學？就是從古至今一般人說的性理之學。漢人治經，專講訓詁，無所謂理學；到了兩宋時代，方纔疏明其道理，然後有理學的名稱；但以歷史的眼光觀察，應當從上古時代說起；左傳楚史倚相能讀三墳五典八索九丘，稱爲良史。三墳就是三皇的書；就是伏羲神農黃帝的書。五典就是五帝的書；就是金天氏顓頊氏帝嚳氏陶唐氏有虞氏的書。八索就是八卦書；就是夏的連山商的歸藏周的周易。九丘就是九州志；就是禹貢。但是上古之事，荒略而不可考；太史公說得好：「學者多稱五帝，尚矣；然尚書獨載堯以來；而百家言黃帝，其文不雅馴；薦紳先生難言之。孔子所傳宰予問五帝德及帝繫姓，儒者或不傳。」可見引證古典，亦非容易的事；祇有尚書大禹謨所載「人心惟危；道心惟微；惟精惟一；允執厥中。」仲虺之誥所載「王懋昭大德，建中於民；以義制事；以禮制心；垂裕後昆。」湯誥所載「惟皇上帝降衷於下民，若有恆性；克綏厥猷惟后。」就是講中的心傳；就是講心性的根源；不過後人以大禹謨仲虺之誥湯誥等疑爲僞尚書，那豈不是很難研究麼？所以編輯中國理學史，第一要辨明眞僞；第二要取客觀的態度。

怎叫辨明眞僞？即如尚書分古文尚書和今文尚書兩種；古文尚書，在漢景帝時得於孔宅壁中爲蝌蚪文；西晉亂作，書復散佚；東晉元帝時，梅賾上古文尚書，歷代信以爲眞；直至淸閻若璩作古文尚書疏證八卷，方辨明爲僞造。今文尚書，爲漢文帝時濟南伏生所口授，鼂錯所筆述，共二十九篇，爲漢隸書，故有今文名稱；惟今文尚書亦不盡可靠。揚雄說：「虞夏之書渾渾爾；商書灝灝爾；周書噩噩爾。」韓愈說：「上規姚姒，渾渾無涯，周誥殷盤，佶屈聱牙。」所以除了渾渾灝灝噩噩和佶屈聱牙以外，大都是眞僞不易辨的。易詩春秋爲孔子以前的書；然伏羲畫八卦作重卦；（六十四卦）文王作卦辭；周公作爻辭；孔子作十翼；後人皆以爲有疑義。春秋已非魯春秋，乃孔子所筆削的。春秋詩經及儀禮雖皆原文；但周禮和禮記亦均不可靠；周禮非周公所作，或出戰國。禮記一書，所記義理，純駁交混，異同實多。此外如爾雅和周髀算經，亦非周公所作，素問和靈樞，爲戰國人所作。陰符經六韜全係僞書。山海經爲古代神話書。神農本草爲漢以後人作。諸子書中，如管子晏子春秋鄧析子列子商君書吳子尉繚子鶡冠子鬼谷子等，皆爲後人所僞造。而老子墨子莊子孟子荀子尹文子慎子公孫龍子韓非子孫子尸子等，則爲眞本無疑。欲研究古代理學史，不可不辨明眞僞，這是入手的第一步。

怎叫要取客觀的態度？就是說研究理學史，要以客觀的態度去研究；而不當加以絲毫主觀的態度。莊子說：「天下非公是也。」「彼亦一是非，此亦一是非。」韓愈說：「不入於楊，則入於墨；不入於老，則入於佛；入者主之，出者奴之；入者附之，出者汚之。」可知一有主觀，卽不能研究理學史；亦卽不能編輯理學史；要以公平超脫純一無僞不偏不倚的態度出之，方有歷史的價值編輯的資格。

第二編　上古理學史

第一章　三代以前的理學

（一）伏羲　伏羲的事迹，只有易繫辭傳所載，尚靠得住。說道：「古者包犧氏之王天下也，仰則觀象於天；俯則觀法於地，觀鳥獸之文與地之宜，近取諸身，遠取諸物，於是始作八卦，以通神明之德，以類萬物之情。作結繩而爲網罟，以佃以漁，蓋取諸離。」乾鑿度說：「八卦之形爲文字。」☰就是古文的天字。☷就是古文的地字。☴就是古文的風字。☶就是古文的山字。☵就是古文的水字。☲就是古文的火字。☳就是古文的雷字。☱就是古文的澤字。八卦既然就是文字，那末說八卦就是理學的根本，當然是可以的；不過歐陽修說得好：『繫辭曰「河出圖，洛出書，聖人則之。」所謂圖者，八卦之文也；神馬負之而由河出以授伏羲者，蓋八卦非人之所爲，是天之所降也；又曰「包犧氏之王天下也，仰則觀象於天，俯則觀法於地，觀鳥獸之文與地之宜，於是始作八卦。」然則八卦是人之所爲也；河圖無與；斯二說者已不能相容，而說卦又曰：「昔者聖人之作易也，幽贊於神明而生蓍；參天兩地而倚數；觀變於陰陽而立卦。」則卦又由蓍出；八卦之說如是，是果何從而出耶？此三說謂由一人出，則殆非人情也。』歐陽修的言論，很有趣味。

（二）神農　神農的事迹，亦以易繫辭傳所載爲靠得住。說道：「包犧氏沒，神農氏作，斲木爲耜，揉木爲耒，耒耨之利，以教天下，蓋取諸益。日中爲市，致天下之民，聚天下之貨，交易而退，各得其所，蓋取諸噬嗑。」這就是農業商業的起源；後世農家者流，創並耕的學說，都以神農爲護符；孟子所載有爲神農之言者許行一章，可以參考；而論語所載樊遲請學稼一章，亦與農家學說頗有關係。

（三）黃帝　黃帝的事迹，亦以易繫辭傳所載爲靠得住。說道：「神農氏沒，黃帝堯舜氏作，通其變，使民不倦，神而化之，使民宜之，易窮則變，變則通，通則久，是以自天祐之，吉无不利；黃帝堯舜垂衣裳而天下治，蓋取諸乾坤。刳木爲舟，剡木爲楫，舟楫之利，以濟不通，致遠以利天下，蓋取諸渙。服牛乘馬，引重致遠，以利天下，蓋取諸隨。重門擊柝，以待暴客，蓋取諸豫。斷木爲杵，掘地爲臼，臼杵之利，萬民以濟，蓋取諸小過。弦木爲弧，剡木爲矢，弧矢之利，以威天下，蓋取諸睽。上古穴居而野處，後世聖人易之以宮室，上棟下宇，以待風雨，蓋取諸大壯。古之葬者，厚衣之以薪，葬之中野，不封不樹，喪期无數，後世聖人易之以棺槨，蓋取諸大過。上古結繩而治，後世聖人易之以書契，百官以治，萬民以察，蓋取諸夬。」前說八卦是理學的根本，那末書契當然是理學的根本，可以無疑了。

漢孔安國尙書序說：「古者伏羲氏之王天下也，始畫八卦，造書契，以代結繩之政，由是文籍生焉；伏羲神農黃帝之書，謂之三墳，言大道也。少昊顓頊高辛唐虞之書，謂之五典，言常道也……八卦之說，謂之八索，求其義也。九州之志，謂之九丘，丘，聚也；言九州所有，土地所生，風氣所宜，皆聚此書也。春秋左氏傳曰：楚左史倚相能讀三墳五典八索九丘，卽謂上世帝王遺書也。」又漢許愼說文序說：「古者包犧氏……始作易八卦以垂憲象；及神農氏結繩爲治而統其事，庶業其緐，飾僞萌生；黃帝之史倉頡，見鳥獸蹏迒之迹，知分理之可相別異也，初造書契，百工以乂，萬品以察，蓋取諸夬；夬，揚於王庭，言文者宣教明化於王者朝廷，君子所以施祿及下，居德則忌也；倉頡之初作書，蓋依類象形，古謂之文；其後形聲相益，卽謂之字；文者物象之本；字者言孳乳而寖多也。」照二說看來，書契究爲伏羲所造？抑爲黃帝所造？是不可不辨明的。我的見解，伏羲是造八卦文的；黃帝的臣倉頡是造書契的；那是無用懷疑了。

（四）堯　堯的事迹，當然要依據尚書堯典了；堯典說：「曰若稽古帝堯，曰：放勳。欽明文思安安；允恭克讓，光被四表格于上下；克明俊德，以親九族，九族既睦；平章百姓，百姓昭明，協和萬邦，黎民於變時雍。」這與大學所說「身修而后家齊，家齊而后國治，國治而后天下平。」孟子所說：「親親而仁民。」「天下之本在國，國之本在家，家之本在身。」相彷彿。堯典又說：『帝曰：「疇咨若時登庸」？放齊曰「胤子朱啓明。」帝曰：「吁！嚚訟可乎？」』『帝曰：「咨！四岳，朕在位七十載，汝能庸命巽朕位？」岳曰：「否！德忝帝位。」師錫帝曰：「有鰥在下，曰：虞舜。」帝曰：「俞！予聞如何？」岳曰：「瞽子；父頑，母嚚，象傲，克諧以孝；烝烝乂不格姦。」帝曰；「我其試哉？女于時，觀厥刑于二女，釐降二女于嬀汭，嬪于虞帝曰「欽哉！」』這就是說能官天下以位讓賢的當首推堯；而賢的標準當首推孝；後世說「孝爲百行之先，」恐就是唐虞時代所發起的吧？

（五）舜　舜的事迹，當然也要依據尚書了；舜典說：「曰若稽古帝舜，曰：重華。協于帝；濬哲文明，溫恭允塞，玄德升聞，乃命以位。」這就是說舜有濬哲文明溫恭允塞四樣的德性。舜典又說：『帝曰：「契；百姓不親，五品不遜，汝作司徒，敬敷五教，在寬。」』這就是中國平民教育的起源；也就是倫理教育的起源。舜典又說『帝曰：「皐陶；蠻夷猾夏，寇賊姦宄，汝作士，五刑有服，五服三就，五流有宅，五宅三居，惟明克允。」』這就是中國法學的起源；也就是法家者流的起源。舜典又說：『帝曰「夔；命汝典樂，教胄子，直而溫，寬而栗，剛而無虐，簡而無傲，詩言志，歌永言，聲依永，律和聲，八音克諧，無相奪倫，神人以和。」夔曰：「於！予擊石拊石，百獸率舞。」』這就是中國貴冑教育的起源；也就是音樂教育的起源。不過所說蠻夷猾夏的夏字頗有疑問？因中夏的名號，根據於夏代，爲什麼在虞舜的語調中有猾夏的字樣呢？

第二章　三代的理學

堯舜相傳的大道，就是一中字；論語載『堯曰「咨爾舜！天之曆數在爾躬，允執其中，四海困窮，天祿永終。」舜亦以命禹。』所以大禹謨載舜命禹的話「予懋乃德，嘉乃丕績，天之曆數在汝躬，汝終陟元后。人心惟危；道心惟微；惟精惟一；允執厥中。」又舜命皐陶；「汝作士，明于五刑，以弼五教，期于予治，刑期于無刑，民協于中，時乃功，懋哉！」而戴記中庸載孔子贊舜的話「舜其大知也與？舜好問，而好察邇言，隱惡而揚善，執其兩端，用其中於民，其斯以爲舜乎？」下至湯武，秉承中道，所以仲虺之誥載「王懋昭大德，建中於民；以義制事；以禮制心。」孟子亦說「湯執中；立賢無方。」又箕子陳洪範於周武王九疇中第五爲皇極，就是立中之道；所以說「無偏無陂，遵王之義；無有作好，遵王之道；無有作惡，遵王之路；無偏無黨，王道蕩蕩；無黨無偏，王道平平；無反無側，王道正直；會其有極；歸其有極。」所以程子解釋中庸的中字，說：「不偏之謂中；中者天下之正道。」朱子解釋說：「中者無過不及之名。」這都是皇極的絕妙註解。現在再將夏殷周關於理學的話分別說明。

（一）夏　易繫辭說「河出圖，洛出書，聖人則之。」所說河出圖就是八卦前章已說明。而洛出書就是九疇。洪範說：「天乃錫禹洪範九疇。」頗近神話；九疇中天道人道靡不畢備；如「初一曰五行；次二曰敬用五事；次三曰農用八政；次四曰協用五紀；次五曰建用皇極；次六曰乂用三德；次七曰明用稽疑；次八曰念用庶徵；次九曰嚮用五福；威用六極。」現除天地陰陽物理等不再述外，關於政治倫理的，如「二、五事，一曰貌，二曰言，三曰視，四曰聽，五曰思。貌曰恭，言曰從，視曰明，聽曰聰，思曰睿。恭作肅，從作乂，明作哲，聰作謀，睿作聖。」「三、八政；一曰食，二曰貨，三曰祀，四曰司空，五曰司徒，六曰司寇，七曰賓，八曰師。」「五、皇極；皇建其有極。」「六、三德；一曰正直，二曰剛克，三曰柔克。平康正直，……沈潛剛克，高明柔克。」這與易的哲理先後輝映；所以河圖和洛書同爲古代寶貴的靈物；不過河圖尚有孔子「河不出圖」的言論以爲證明；至洛書則除繫辭「洛出書」以外，無他說可參考；那末「天乃錫禹洪範九疇，」怎和洛書發生關係呢？

禹的聖德，除夏書所載外，尚有論語所載孔子的言論；如『子曰：「巍巍乎！舜禹之有天下也，而不與焉。」』『子曰「禹吾無間然矣，非飲食而致孝乎鬼神；惡衣服而致美乎黻冕；卑宮室而盡力乎溝洫；禹吾無間然矣。」』又莊子天下篇載『墨子稱道曰：「昔者禹之湮洪水決江河而通四夷九州也，名山三百，支川三千，小者無數，禹親自操橐耜而九雜天下之川，腓無胈，脛無毛，沐甚雨，櫛疾風，置萬國；禹大聖也，而形勞天下也如此；使後世之墨者多以裘褐爲衣，以跂蹻爲服，日夜不休以自苦爲極，曰不能如此，非禹之道也。」』這樣看來，夏禹爲儒家墨家共同稱道；他在理學上的價值，亦可想而知了。

（二）商　商湯執中建中，前文已說明，此外尚書所載的，如仲虺之誥說：「惟王不邇聲色，不殖貨利，德懋懋官，功懋懋賞，用人惟己，改過不吝，克寬克仁，彰信兆民。」伊訓說：「先王肇修人紀，從諫弗咈，先民時若，居上克明，爲下克忠，與人不求備，檢身若不及。」太甲篇載伊尹說：「先王昧爽丕顯，坐以待旦，旁求俊彥，啓迪後人。」湯的聖德可見一斑。伊訓又說：「敢有恆舞于宮，酣歌于室，時謂巫風，敢有殉于貨色，恆于遊畋，時謂淫風。敢有侮聖言，逆忠直，遠耆德，比頑童，時謂亂風。惟茲三風十愆，卿士有一于身，家必喪；邦君有一于身，國必亡。」這種赤裸裸的危言，眞正不可多得；且與中國社會最近澆風薄俗尤有關係研究理學史的不可不讀。又說：「聖謨洋洋，嘉言孔彰，惟上帝不常，作善降之百祥；作不善降之百殃。」又太甲載『伊尹申誥于王曰：「嗚呼！惟天無親，克敬惟親；民罔常懷，懷于有仁；鬼神無常享，享于克誠；天位艱哉！德惟治，否德亂；與治同道罔不興，與亂同事罔不亡。終始愼厥與，惟明明后。……若升高，必自下；若陟遐，必自邇。無輕民事惟難；無安厥位惟危；愼終于始；有言逆于汝心，必求諸道；有言遜于汝志，必求諸非道。」』又咸有一德載伊尹告太甲言：「非天私我有商，惟天佑于一德；非商求于下民，惟民歸于一德。德惟一，動罔不吉；德二三，動罔不凶。……德無常師，主善爲師；善無常主，協于克一。」這種露筋露骨的訓話，只有伊尹辦得到。孟子說得好：『伊尹聖之任者也。』又載『伊尹曰：「天之生此民也，使先知覺後知，使先覺覺後覺也；予天民之先覺者也；予將以此道覺此民也；非予覺之而誰也？思天下之民，匹夫匹婦有不被堯舜之澤者，若己推而內之溝中；其自任以天下之重如此。』伊尹能這樣的負責任，所以能說這樣的話；確是中國歷史上的榮譽；亦是中國理學史上不可多得的人物。

（三）周　周武王克商後，訪問箕子以天道，箕子就將夏禹的洪範陳說。尙書洪範說：『惟十有三祀，王訪於箕子，王乃言曰：「嗚呼！箕子惟天陰騭下民，相協厥居，我不知其彝倫攸敍。」箕子乃言曰：「我聞在昔，鯀陻洪水，汨陳其五行，帝乃震怒，不畀洪範九疇，彝倫攸斁；鯀則殛死，禹乃嗣興，天乃錫禹洪範九疇，彝倫攸敍。」」這說頗像神話。還有五行五事八政五紀皇極的等話，上文已載明，不必另述。此外如旅獒篇載召公戒武王言：「德盛不狎侮，狎侮君子，罔以盡人心；狎侮小人，罔以盡其力。不役耳目，百度惟貞；玩人喪德，玩物喪志；志以道寧，言以道接；不作無益害有益，功乃成；不貴異物賤用物，民乃足；犬馬非其土性不畜；珍禽奇獸不育于國；不寶遠物則遠人格；所寶惟賢則邇人安。嗚呼！夙夜罔或不勤，不矜細行，終累大德；爲山九仞，功虧一簣。」這也是理學史有價値的言論。而周公制禮尤爲重要。戴記中庸說：「大哉聖人之道！洋洋乎！發育萬物，峻極於天。優優大哉！禮儀三百！威儀三千。待其人而後行。」朱子解釋禮儀爲經禮；威儀爲曲禮。中庸又載孔子說：「吾說夏禮，杞不足徵也；吾學殷禮，有宋存焉；吾學周禮，今用之，吾從周。」可知孔子服從周禮，就是服從周公；所以孔子在壯盛的時候，常常夢見周公；故論語載孔子說：「甚矣吾衰也！久矣吾不復夢見周公。」又賈公彥儀禮疏序說：「周禮儀禮，發源是一；理有終始，分爲二部；並是周公攝政之書，周禮爲末，儀禮爲本。儀禮疏曰：『周禮言周不言儀，儀禮言儀不言周；既同是周公攝政六年所制，題號不同者，周禮取別夏殷，故言周，儀禮不言周者，欲見兼有異代之法；蓋儀禮……兼夏殷也。』周公制禮，比較夏殷二代尤為複雜，後世往往譏為繁文縟節，不過觀中國一部歷史，法治究竟不及禮治；所以周家八百年天下為歷代所無；是理學一端，不特可以誠意正心修身齊家，直可以治國平天下；其價值可知。

第三章　儒家

第一節　孔子

(一)孔子的事績　孔子的事績，傳說很多；但家語孔叢子等書，材料雖很豐富，卻不可靠；現在只有將史記孔子世家作底本，比較的可靠些。「孔子名丘，字仲尼，生於周靈王二十一年，卽魯襄公二十二年；及長，爲委吏，料量平；爲司職吏，畜蕃息；適周問禮於老子，既反，而弟子益進；昭公二十五年，季氏逐昭公，孔子避亂適齊，齊景公欲封以尼谿之田，晏嬰不可，遂行，反魯；定公元年，季氏強僭，家臣陽虎作亂專政，孔子不仕，退修詩書禮樂，弟子彌衆；九年，定公以孔子爲中都宰，繼爲司空，又爲大司寇，十年，孔子相定公會齊侯於夾谷，齊人歸魯侵地；十三年，孔子攝行相事，誅少正卯，與聞國政，三月，魯國大治，齊人歸女樂以沮之，季桓子受之，郊又不致膰俎於大夫，孔子行，適衛；十四年，孔子自衛適陳，過匡，匡人以爲陽虎而拘之，既解，還衞；十五年，孔子去衞適宋，司馬桓魋欲殺之，適鄭，至陳主司城貞子家，哀公二年，孔子自陳反衞，將西見趙簡子，至河而反，主蘧伯玉家，靈公問陳，不對而行，復如陳；四年，孔子如蔡；六年，自蔡如楚，絕糧於陳蔡之間；至楚，楚昭王將以書社地封孔子，令尹子西不可，乃止；又反乎衞，衞君輒欲得孔子爲政，十一年，孔子自衞反魯，年已六十八矣，魯終不能用，乃敍書傳禮，刪詩正樂，贊易序彖繫象說卦文言，弟子蓋三千焉，身通六藝者七十二人，十四年，魯西狩獲麟，孔子作春秋；十六年，孔子卒，年七十三，葬魯地北泗上，弟子皆服心喪三年而去，惟子貢廬塚六年；孔子生鯉，先卒，鯉生伋，字子思，作中庸。」

（二）孔子的著作　孔子一生的大著作，就是六經，但是詩書是刪的，禮樂是定的，周易是贊的，春秋是修的，都不是孔子的創作；他嘗自說「述而不作，信而好古」；中庸也稱他「祖述堯舜，憲章文武」，可見孔子的著作，只是把舊有的材料，整理一番罷了；不過這整理的工作，非有絕大的才學，絕大的識見，萬萬不能着手；換句話說，就是只有孔子有這樣的本領；而孔子天縱聖智，竟後無來者，又好像堯舜以來的大經大法，專生孔子做一個結束一般，因此孔子可稱爲集大成，幾千年來推崇孔子的都是這樣說；現將梁任公所論孔子的六經記下。(一)禮　禮經就是儀禮十七篇。(經禮三百曲禮三千其書已無可考)這十七篇都是講的儀注；大約是一種官書，像唐的開元禮清的大淸通禮一般內中未必有孔子手筆。孔子教人大概是一面習這些禮儀，一面講禮的精意。散在禮記論語等書內；至於這部禮經，不見得有甚麼改訂。(二)詩與樂　史記孔子世家稱：「古者詩三千餘篇，孔子去其重，取可施於禮義。……故曰關雎之亂以爲風始，鹿鳴爲小雅始，文王爲大雅始，淸廟爲頌始，三百五篇，孔子皆弦歌之，以求合韶武雅頌之音。」據此，像古詩經孔子刪去的很多。然左傳所載朝聘燕享皆有賦詩，所賦的詩，在今本三百五篇以外的甚少；吳季札聘魯聽樂，所聽亦不出今本國風。此皆在孔子以前；可見當時通行的詩，不外此數。或者孔子把他分類，立出風雅頌等名目；或者把次序有些改正；至於詩篇，怕未必有什麼損益。故我說孔子的功勞，不在刪詩而在正樂。詩書禮樂，戴記王制稱爲「四術」；史記稱孔子以詩書禮樂教弟子，而論語雅言只有詩書執禮，並不言樂；樂與詩相依，離詩無樂，離樂無詩。所以樂就是樂譜，並未有經。論語，『子曰：「吾自衞反魯，然後樂正，雅頌各得其所。」』可見正樂卽是正詩。史記說：「皆弦歌之，以求合韶武雅頌之音。」解說得最明白。大概孔子極好音樂而且極精，他在齊聞韶，三月不知肉味；論語 他從師襄學鼓琴，因曲推到數，因數推到志，因志推到爲人；史記孔子世家 他能教導老樂官太師摯，論語 可見他音樂的天才和造詣，不同尋常。從前的詩，是否都能入樂，不敢斷定；但這三百五篇，孔子一定都把他譜出來，或者從前舊譜有不對的，都把他改正，所以說「然後樂正，雅頌各得其所。」莊子說：「誦詩三百，歌詩三百，弦詩三百，舞詩三百，」可見篇篇詩不惟能誦，而且能歌能弦能舞；孔子的精力用在這裏邊實在不少。他把詩樂正定之後，自己很得意，他說，「師摯之始，關雎之亂，洋洋乎盈耳哉，」論語 很有躊躇滿志的口氣。詩樂之教，是孔門最重的功課，拿現在的話來講，就是「文學音樂合爲一體，用作教育基本。」所以他的弟子子游做武城宰，就把全城都鬧起弦歌之聲來。論語 這就是樂教，也就是詩教。可惜後世樂譜失傳，我們只能誦詩，不能弦詩歌詩舞詩了。孔子在詩經上所費的精力，我們得不到多少，所以現在這部詩經，只能當作研究古代社會情狀的資料，不能當作研究孔子學說的資料。(三)書 尚書緯說：「孔子求得黃帝元孫帝魁之書，迄於秦穆公，凡三千二百四十篇，斷遠而定近，可以爲世法者百二十篇，」此說雖不甚可信，但書經總許是孔子從許多古書裏頭刪選出來。因爲子書中常引商志周志商書周書等文，非今本所有；就是現存這部逸周書，也不見是後人僞造，大概是孔子删賸下來的了。現存尙書二十八篇，是否孔子的足本，尙難斷定；但我們從他分別去取裏面，也可以推見孔子學說的一部分。即如他拿堯典做第一篇，一定不是毫無意義的。司馬遷說「學者多稱五帝尙矣，而尙書獨載堯以來；」孔子把古代神話一筆勾消，就是他的特識。此外尙書的文字，或者還有許多經孔子潤色過。所以研究孔子學說，這部書很應留意。(四)易　詩書禮樂，都可以說孔子述而不作，易經總算述而作，春秋便作不述了。現存的易經，除卦辭爻辭爲孔子以前舊本外，其他皆孔子所作。內六十四條彖辭，六十四條卦象辭，三百八十四條爻象辭，完全是孔子親筆做的，毫無疑義。還有兩篇文言，兩篇繫辭，一篇說卦，據史記說都是孔子自著，但文言繫辭裏面有許多「子曰，」又像是弟子所記，至於說卦和序卦雜卦這三篇，恐怕有點靠不住。要之彖傳象傳繫辭文言，我們總應該認爲孔子的易學，這是孔子哲學的中堅，研究孔子學說最要緊的資料。(五)春秋　孟子說：「孔子懼作春秋；」現行這部春秋，完全是孔子作的；但他的底本仍因魯史，所以說他是述亦未嘗不可。春秋是一部極奇怪的書，孔子的政治理想都在裏面，自然也是研究孔子學說最要緊的資料。除六經以外，孔子別無著作。漢人說孝經是孔子所作，孝經開卷兩句是「仲尼居，曾子侍，」卽此可見不惟不是孔子所作，並不是曾子所作了。宋人更說大學是孔子所作，那更毫無憑據，不必深辯。

（三）孔子的言行　讀論語，應知孔子是好學的；如「吾十有五而志於學；」「述而不作信而好古，」「加我數年五十以學易可以無大過，」「我非生而知之者好古敏以求之者也，」「其爲人也發憤忘食樂以忘憂不知老之將至」等語是。應知孔子是謙遜的；如「默而識之學而不厭誨人不倦何有於我哉，」「德之不修學之不講聞義不能徙不善不能改是吾憂也，」「丘也幸苟有過人必知之，」「若聖與仁則吾豈敢，」「吾少也賤故多能鄙事君子多乎哉不多也，」「吾有知乎哉無知也有鄙夫問於我空空如也，」等語是。應知孔子是樂天知命的；如「富而可求也雖執鞭之士吾亦爲之如不可求從吾所好，」「飯疏食飲水曲肱而枕之樂亦在其中矣不義而富且貴於我如浮雲，」「天生德於予桓魋其如予何，」「天之未喪斯文也匡人其如予何，」「君子固窮小人窮斯濫矣，」「不怨天不尤人下學而上達知我者其天乎」等語。應知孔子是以天下爲己任的；所以說「苟有用我者期月而已可也三年有成，」「如有用我者吾其爲東周乎，」「吾豈匏瓜也哉焉能繫而不食，」等話。又晨門說：「是知其不可而爲之者與，」荷蕢說：「莫己知也斯已而已矣」，接輿說：「鳳兮鳳兮何德之衰，」長沮說：「是知津矣，」桀溺說：「滔滔者天下皆是也而誰以易之，」丈人說：「四體不勤五穀不分，」等語。應知孔子是大教育家；顏淵說：「夫子循循然善誘人博我以文約我以禮，」又孔子說：「溫故而知新可以爲師矣，」是講教師的豫備工夫。「中人以上可以語上也中人以下不可以語上也，」是研究學生的程度。「不憤不啓不悱不發舉一隅不以三隅反則不復也，」是合於現在的三段或五段教學法。「無行不與，」「予欲無言，」是自動主義的教育。「求也退故進之由也兼人故退之，」是因材施教的方法。「有教無類，」是普及教育。「譬諸草木區以別矣，」是分級教授。他講孝道各各不同；如對孟懿子問孝，是矯三家僭禮的論調；對孟武伯問孝，是警戒紈袴子弟縱欲違生的口吻；對子游子夏問孝，是說士的孝道。他答弟子問仁，也是因材施教的；如顏淵有志爲邦，就答他「克己復禮天下歸仁；」仲弓可使南面，就答他「出門如見大賓使民如承大祭；」司馬牛多言而躁，就答他「仁者其言也訒；」子貢悅不若己者，就答他「事其大夫之賢者友其士之仁者；」應知孔子是大衞生家如「褻裘長短右袂，」「必有寢衣長一身有半，」「狐貉之厚以居，」「食不厭精膾不厭細，」「食饐而餲魚餒而肉敗不食色惡不食臭惡不食失飪不食不時不食，」「沽酒市脯不食，」「不多食，」「食不語寢不言，」「祭肉不出三日出三日不食之矣，」等語是。

（四）孔子的仁說　孔子論仁的方面甚多，實在不可捉摸。他以爲仁就是禮；所以說「克己復禮爲仁。」仁就是敬恕；所以說「出門如見大賓使民如承大祭己所不欲勿施於人。」仁就是恭，敬忠；所以說「居處恭執事敬與人忠雖之夷狄不可棄也。」仁就是剛毅，木訥；所以說「剛毅木訥近仁。」仁就是恭寬，信，敏，惠；所以說「恭則不侮寬則得衆信則人任焉敏則有功惠則足以使人。」仁之道大，爲之也難；所以子文之忠，陳文子之淸，不得謂仁；子路之治賦，冉求之爲宰，公西華之與賓客言，不得謂仁；然而他方面又若甚易，如「有能一日用其力於仁矣乎我未見力不足者；」「我欲仁斯仁至矣；」「能近取譬可謂仁之方也已；」等話是。他又說「仁者殺身成仁；」所以如伯夷叔齊之餓死，稱爲「求仁得仁；」然如管仲之不死子糾，仍稱爲「如其仁如其仁；」微子箕子比干之行各不同，亦稱爲殷有三仁；說仁的話頭，千變萬化，全在學者自己去理會他；大抵孝弟爲仁之本，所以有若說：「君子務本本立而道生；」而忠恕爲仁之實；所以告曾參說「吾道一以貫之。」

（五）孔子的德治說　孔子與人談政治問題，亦往往因人而施；如魯國政在三家，孔子告哀公以「舉直錯諸枉則民服舉枉錯諸直則民不服。」季氏僭竊專政，孔子告以「政者正也子帥以正孰敢不正」「苟子之不欲雖賞之不竊，」「子爲政焉用殺子欲善而民善矣」等的話。葉地小民貳，孔子告葉公以「近者悅遠者來。」子路勇於任事，不能持久，孔子告以「無倦。」子夏篤信謹守，規模狹隘，孔子告以「無欲速無見小利欲速則不達見小利則大事不成。」子游喜以禮樂爲教，孔子告以「君子學道則愛人小人學道則易使也。」仲弓有人君之度，孔子告以「先有司赦小過舉賢才。」顏淵有王佐之才，孔子告以「行夏之時乘殷之輅服周之冕樂則韶舞。」孔子以爲德治最盛的時代，莫如陶唐虞夏，故說：「巍巍乎舜禹之有天下也而不與焉，」又說：「大哉堯之爲君也巍巍乎惟天爲大惟堯則之蕩蕩乎民無能名焉巍巍乎其有成功也煥乎其有文章。」德治的反面爲法治，是孔子所反對的；因此說：「道之以政齊之以刑民免而無恥，」「聽訟吾猶人也必也使無訟乎」等話。孔子深愛和平，因此說：「善人爲邦百年亦可以勝殘去殺矣。」孔子痛惡聚斂，因此說：

「有國家者不患寡而患不均不患貧而患不安。」種種說法總不脫「爲政以德」「道之以德」的口氣。

（六）孔子的觀人法　孔子說：「視其所以觀其所由察其所安人焉廋哉，」又說：「吾之於人也誰毁誰譽如有所譽者其有所試矣，」這就是孔子的觀人法。孔子的觀人，不但對於時人和門弟子，還有一種普通稱謂的君子小人，如「君子周而不比小人比而不周，」「君子和而不同小人同而不和，」「君子泰而不驕小人驕而不泰，」「君子喻於義小人喻於利，」君子小人種種相反的論調，究竟君子小人怎樣分別，只要從相反的方面去觀察去論斷，便可不爽秋毫；如地位的相反，人品的相反，做事的相反是。朱註「君子爲有德位之通稱，」那麽就可以知小人爲無德位之通稱了。又說「君子謂在上之人，」那麽就可知小人是細民了。但是書中那一章是指在上之君子，那一章是指有德位之君子，那一章是指細民的小人，那一章是指無德位之小人，全要自己去體會。譬如讀「君子賢其賢而親其親，小人樂其樂而利其利」句，就應當知道是說有位無位者的。讀到「君子喻於義小人喻於利」「君子懷德小人懷土」「女爲君子儒毋爲小人儒」等句，就應當知道是說有德無德者的。還有單稱君子或單稱小人的去處，那就讀書時要格外注意；如「君子篤於親則民興於仁」「君子之道本諸身徵諸庶民……」，「故君子有不戰戰必勝矣」等句，就是指有位者說。如「君子不重則不威學則不固」「君子食無求飽居無求安」「君子恥其言而過其行」「君子有三戒」「君子有三畏」「君子有九思」「君子之過如日月之食」等句，就是指有德者說。如「小人哉樊須也」句，就是指無位者說「如小人之過也必文」句，就是指無德者說。有人說「君子這名辭，和英語的 Gentemen 最相類，這話雖似有理，但英語用此名詞的去處很多，或且成了男子的通稱，那就不能代表孔子所稱的君子了。

（七）孔子的人格　（一）屬於智的　孔子說：「我非生而知之者，好古敏以求之者也，」又說：「十室之邑必有忠信如丘者焉，不如丘之好學也，」韓愈說：『聖人無常師，孔子師郯子萇弘師襄老聃，郯子之徒，其賢不及孔子，孔子曰：「三人行必有我師，」』可見孔子好學不倦從師領教的精神。孔子又說：「學而時習之，不亦說乎，」「學如不及猶恐失之，」「學之不講是吾憂也，」「吾十有五而志於學，」「平地雖覆一簣進吾往也，」「其爲人也發憤忘食，」「加我數年五十以學易，」可見孔子直以學問爲第二生命。

（二）屬於情的

孔子最富情感；論語載「子食於有喪者之側未嘗飽也，」「子於是日哭則不歌，」「子見齊衰者雖狎必變，」「凶服者式之，」『朋友死無所歸曰「於我殯，」』「孔子在衛遇舊館人之喪入而哭之哀，」「顏淵死子哭之慟，」「子路死於衛孔子命覆醢，」「仲尼之畜狗死使子貢埋之，」可見孔子最易觸動情感。且救世的熱腸亦不可及；他說：「鳥獸不可與同羣吾非斯人之徒與而誰與天下有道丘不與易也，」儀封人說：「天下之無道也久矣天將以夫子爲木鐸，」晨門說：「是知其不可而爲之者與，」可見孔子憂世憂民的志願，在他人亦能領略。又孔子對於美的情感亦極盛；如「子謂韶盡美矣又盡善也謂武盡美矣未盡善也，」「子在齊聞韶，三月不知肉味，曰『不圖爲樂之至於斯也，』」「子與人歌而善必使反之而後和之，」「師摯之始關雎之亂洋洋乎盈耳哉，」「孔子絕糧陳蔡七日而弦歌之聲不輟，」這就是孔子對於音樂的情感。又說：「知者樂水仁者樂山，」又曾點言志說：『莫春者春服既成冠者五六人童子六七人浴乎沂風乎舞雩詠而歸夫子喟然歎曰：「吾與點也，」』這就是孔子對於景物的情感。總之孔子是極富於情感的。

（三）屬於意的

孔子不但富於智識和感情，并且富於意志。他說：「見義不爲無勇也，」「三軍可奪帥也匹夫不可奪志也，」「仁者必有勇，」「志士仁人無求生以害仁有殺身以成仁，」「自反而不縮雖褐寬博吾不惴焉自反而縮雖千萬人吾往矣，」「君子和而不流強哉矯中立而不倚強哉矯國有道不變塞焉強哉矯國無道至死不變強哉矯，」這就是孔子教人意志強固的明證。又齊魯夾谷會盟，孔子相定公，不但不受齊人威脅，并使齊人歸魯侵地，足見孔子自己意志的強固。總之，孔子的人格，是智情意三方面發達到調和圓滿的。

（八）孔子的門人　孔子的弟子頗有出色的人才；可惜顏淵短命，子路不得其死。孔子沒後，「子夏子游子張以有若似聖人，欲以所事孔子事之，彊曾子，曾子曰：『不可，江漢以濯之，秋陽以暴之，皜皜乎不可尚已。』，」有若言行氣象頗似孔子，爲子夏子游子張所心服，後來荀子一派，頗有關係。曾子的學問傳於子思，子思傳於孟子；所以大學說慎獨，中庸亦說慎獨。大學說不以利爲利以義爲利，孟子亦說仁義而已何必曰利。一脈相傳，的是孔門正派。此外子夏一派，他的勢力最大，戴記檀弓載曾子語：「我與汝事夫子於洙泗之間，退而老於西河之上，使西河之人疑汝於夫子？」魏李蕭遠說：「其徒子夏升堂而未入於室者也，退老於家，魏文侯師之，西河之人肅然歸德，比之於夫子而莫敢問其言。」可見當時子夏的情形了。不過子夏在孔門中規模最爲狹隘，孔子說：「商也不及，」子游說：「子夏之門人小子當洒掃應對進退則可矣，抑末也本之則無如之何；」亦可窺見一斑了。

第二節　子思

孔子孫子思名伋，魯繆公曾經師事過他，孟子載「昔者魯繆公無人乎子思之側，則不能安子思，」又載『繆公亟見於子思曰：「古千乘之國以友士何如，」子思不說曰：「古之人有言曰：事之云乎，豈曰友之云乎，」子思之不說也，豈不曰「以位，則子君也，我臣也，以德，則子事我者也，奚可以與我友，」』又據荀子非十二子篇，知當時儒家的派別，有子張氏之儒，子夏氏之儒，子游氏之儒，並子思孟軻共爲四派，荀子在四派外，共爲五派。據韓非子顯學篇說：「儒分爲八，有子張之儒，有子思之儒，有顏氏之儒，有孟氏之儒，有漆雕氏之儒，有仲良氏之儒，有孫氏之儒，有樂正氏之儒。」想以上各家都各有他的特色，纔分出派別來。可惜中間有幾派學說全然失傳。顏氏之儒，或者是宗法顏淵的，可惜無從考查了。漆雕氏之儒，是漆雕開傳下；論語載：「子使漆雕開仕，對曰『吾斯之未能信』」

可見開爲人很高尙堅強。顯學篇說「不色撓，不目逃，行曲則違於臧獲，行直則怒於諸侯；」和孟子所載北宮黝孟施舍子襄等相同，成爲孔門的武俠派。子張才高意廣，好爲苟難，所以孔子說：「師也過，」子游說：「吾友張也爲難能也，然而未仁，」曾子說：「堂堂乎張也，難與並爲仁矣，」可見他自成一派。子游傳孔子大同的學說，讀戴記禮運可知。惟子游爲吳人，吾道南行，其功最大。仲良氏不知何人。孫氏卽荀卿。樂正氏卽樂正子春，學於曾子，與子思同，惟樂正子春拘謹有餘，戴記祭義載「樂正子春下堂而傷其足，數月不出，猶有憂色，」卻和子思的「尊德性而道問學，致廣大而盡精微，極高明而道中庸，」不可一概論了。總之孔子沒而微言絕；七十子喪而大義乖，幸有一子思，把孔門傳授心法，用筆記下，以授孟子，就是中庸一書。中庸在趙宋以前本在戴記中，及二程出，從戴記中抽出，和大學論語孟子稱爲四書。中庸言天命性道，說理至精，論道至微，爲一大理學書。後世相傳爲中庸非子思所作，是否與孔子之教相合，皆屬疑問。不過他的理想，確是前後一貫，與師曾子所傳孔子一貫之道亦合。特分述如下。

（一）天命性道　子貢說：「夫子之言性與天道，不可得而聞也，」孔子說：「性相近也，習相遠也，」是孔子並未明說過天命性道。雖易經的十翼，相傳爲孔子所作，但十翼所說明吉凶消長之理進退存亡之道，都是人生尋常日用所容易見到的。並非後世讖緯術數之學可比。只有中庸開宗明義第一章就說：「天命之謂性，率性之謂道，修道之謂教，」和老子「聖法天天法道道法自然」不相合。且老子未曾談到教字，就是只有自然沒有人爲的區別。中庸又說：「道也者不可須臾離也，可離非道也，是故君子，戒愼乎其所不睹，恐懼乎其所不聞，」這就是說明「率性之謂道。」道如過可離，怎樣叫做率性。又說：「道之不行也，我知之矣，智者過之，愚者不及也，道之不明也，我知之矣，賢者過之，不肖者不及也，」可見道就是中。「和也者天下之達道也，」可見道就是和。朱註說：「中爲道之體，和爲道之用，」確是不差。又說：「君子之道，費而隱；夫婦之愚不肖，能知能行，及其至也，雖聖人有所不知不能，」這能知能行，就是率性。聖人不知不能，就是天命。又說：「君子之道，造端乎夫婦，及其至也，察乎天地，」這與上文完全相同。又說：「忠恕違道不遠，施諸己而不願，亦勿施於人，」忠和恕都是人性所固有，所以叫做「道不遠人。」又說：「君子之道，辟如行遠必自邇，辟如登高必自卑，」這登高行遠，就是察乎天地，就是聖人不知不能；就是天命。自邇自卑，就是造端乎夫婦；就是能知能行；就是率性。中庸所說的天命性道，何嘗不是一貫的呢？

（二）中和與中庸　論語載「子曰『中庸之爲德也，其至矣乎！民鮮久矣，』」又「子貢問『師與商也孰賢？』子曰『師也過，商也不及？』曰『然則師愈與？』子曰『過猶不及。』」，這就是孔子主張中庸的論調。後子思作中庸，把中庸二字作根據。不過他未說中庸以前，先說中和，因中和和中庸很有關係。中庸說：「喜怒哀樂之未發謂之中，發而皆中節謂之和，中也者天下之大本也，和也者天下之達道也，致中和，天地位焉，萬物育焉。」朱註以「中爲道之體，和爲道之用。」莊子齊物論「惟達者知通爲一，爲是不用而寓諸庸，庸也者用也，用也者通也，通也者得也。」可知和爲用，庸亦爲用。那末中和就是中庸。現在把中庸上面所載的話舉出來。

仲尼曰：「君子中庸，小人反中庸；君子之中庸也，君子而時中；小人之反中庸也，小人而無忌憚也。」

子曰：「中庸其至矣乎！民鮮能久矣。」

子曰：「道之不行也，我知之矣，知者過之，愚者不及也。道之不明也，我知之矣，賢者過之，不肖者不及也。」

子曰「舜其大知也與！舜好問而好察邇言，隱惡而揚善，執其兩端，用其中於民，其斯以爲舜乎；」

子曰：「人皆曰予知，擇乎中庸，而不能期月守也。」

子曰「回之爲人也，擇乎中庸，得一善，則拳拳服膺，而勿失之矣。」

子曰：「天下國家可均也，爵祿可辭也，白刃可蹈也，中庸不可能也。」

子曰「君子依乎中庸，遯世不見知而不悔，惟聖者能之。」

庸德之行，庸言之謹，有所不足，不敢不勉，有餘不敢盡，言顧行，行顧言，君子胡不慥慥爾。

照上面看來，中庸就是孔門的心法，就是做人的道德。希臘亞里斯多德（Aristoteles）他說中庸之德，就是不過多，不過少，不趨於兩極端的。他的分類：（一）勇氣，爲恐怖和粗暴之中庸所存的德。（二）節制，爲佚樂和拘守之中庸所存的德。（三）惠與，爲奢侈和吝嗇之中庸所存的德。（四）壯大，爲豪奢和刻薄之中庸所存的德。（五）大度，爲傲慢和卑屈之中庸所存的德。（六）溫和，爲忿怒和圓滑之中庸所存的德。（七）謙讓，爲倨傲和蕢葸之中庸所存的德。（八）機智，爲諧謔和鄙野之中庸所存的德。（九）友愛，爲阿諛和簡慢之中庸所存的德這可作子思中庸的參考。

（三）誠　韓愈說：「子思之學蓋出曾子」；所以曾子作大學說誠意；子思作中庸亦說誠。不過大學說誠，只說人道；而中庸說誠，人道以外還兼天道；有的是解釋人生道德，有的是解釋宇宙本體；因子思作中庸，他開宗明義就講天命性道；所以說到誠字，亦就天道人道而立言；這就是和大學不同的地方。現在把關於誠字的話載下來。

順乎親有道，反諸身，不誠不順乎親矣。誠身有道，不明乎善，不誠乎身矣。

誠者天之道也；誠之者人之道也；誠者不勉而中，不思而得，從容中道，聖人也；誠之者擇善而固執之者也。

自誠明謂之性；自明誠謂之教；誠則明矣；明則誠矣。

惟天下至誠，爲能盡其性，能盡其性，則能盡人之性，能盡人之性，則能盡物之性，能盡物之性，則可以贊天地之化育，可以贊天地之化育，則可以與天地參矣。

至誠之道，可以前知，國家將興，必有禎祥，國家將亡，必有妖孽，見乎蓍龜，動乎四體，禍福將至，善，必先知之，不善，必先知之，故至誠如神。

誠者自成也，而道自道也。

誠者物之終始，不誠無物，是故君子誠之爲貴。

誠者非自成己而已也，所以成物也，成己仁也，成物知也，心之德也，合外內之道也，故時措之宜也。

故至誠無息，不息則久，久則徵，徵則悠遠，悠遠則博厚，博厚則高明。

子思就天道人道而說誠，就是宋儒理氣二元論的開端。因子思說誠名爲一元，而實仍爲二元，所以有此結果。

第三節　孟子

史記說：「孟軻鄒人也，受業子思之門人，道既通，游事齊宣王，宣王不能用。適梁，梁惠王不果所言，則見以爲迂遠而闊於事情。當是之時，秦用商君，富國強兵。楚魏用吳起，戰勝弱敵。齊威王宣王用孫子田忌之徒，而諸侯東面朝齊。天下方務於合從連衡，以攻伐爲賢。而孟軻乃述唐虞三代之德，是以所如不合退而與萬章之徒，序詩書述仲尼之意，作孟子七篇。」太史公所說比較的可靠，不過這「退而與萬章之徒作孟子七篇」一句話，有點說不過去。因孟子這部書與論語相同，論語相傳爲有子曾子的門人述的，那末孟子亦決不會孟子自己做的，定是孟子的門人轉述的，或是門人的門人轉述的，因其中多稱孟子的緣故。且孟子所載孟子當時所見諸侯皆稱謚，如齊宣王梁惠王梁襄王滕定公滕文公魯平公等人死然後有謚，難道他作孟子的時候，凡見過的諸侯都已死了麼？并且梁惠王元年到魯平公死凡七十七年，梁惠王見孟子已稱「叟不遠千里而來，」那麼怎能見到魯平公的死，可見是以後人的轉述，不必多疑了。又有人說：孟子一書，沒有經過秦火，因稱子書得不泯絕，然而孟子七篇中散佚的仍不少，如荀子載「孟子三見齊王不言，弟子問曰『我先攻其邪心』，」又「楊子載孟子曰『夫有意而不至者有矣，未有無意而至者也』，」足見沒經過秦火之說亦不確。

又孟子繼承子思的學說，確無可疑；如孟子曰「居下位而不獲於上，民不可得而治也；獲於上有道，不信於友，弗獲於上矣；信於友有道，事親弗悅，弗信於友矣；悅親有道，反身不誠，不悅於親矣；誠身有道，不明乎善，不誠其身矣。是故誠者天之道也；思誠者人之道也。至誠而不動者，未之有也；不誠未有能動者也。」這和中庸上的「在下位」節正相同。又孟子曰：「盡其心者知其性也；知其性，則知天矣。存其心養其性，所以事天也。」這和中庸上開宗明義第一章「天命之謂性」正相同。可見人的性就是天。又孟子曰：「萬物皆備於我矣，反身而誠，樂莫大焉，」這和中庸「唯天下至誠，爲能盡其性，能盡其性，則能盡人之性，能盡人之性，則能盡物之性，能盡物之性，則可以贊天地之化育，可以贊天地之化育，則可以與天地參矣，」節正相同。可見人的性和天的性是同一的。又孟子曰：「動容周旋中禮者，盛德之至也，」這和中庸上「誠者不勉而中，不思而得，從容中道，聖人也，」正相同。從這種方面看來，史記說「孟軻受業子思之門人，」並非無根據的。現將孟子的學說列舉如下。

（一）仁義說　孔子只說仁，所以易繫辭上「立人之道曰仁與義，」後人往往疑爲不是孔子說的；然而孟子卻兼說仁義；現列舉出來。

孟子對曰：「王何必曰利，亦有仁義而已矣。王曰：何以利吾國，大夫曰：何以利吾家，士庶人曰：

何以利吾身，上下交征利，而國危矣；萬乘之國，弑其君者，必千乘之家，千乘之國，弑其君者，必百乘之家；萬取千焉千取百焉，不爲不多矣；苟爲後義而先利，不奪不饜。未有仁而遺其親者也；未有義而後其君者也。」

曰：「惡！是何言也？齊人無以仁義與王言者，豈以仁義爲不美也，其心曰：是何足與言仁義也云爾，則不敬莫大乎是；我非堯舜之道，不敢以陳於王前，故齊人莫如我敬王也。」

楊墨之道不息，孔子之道不著，是邪說誣民充塞仁義也，仁義充塞，則率獸食人，人將相食。

孟子曰：「自暴者不可與有言也；自棄者不可與有爲也；言非禮義，謂之自暴也；我身不能居仁由義，謂之自棄也。仁人之安宅也，義人之正路也，曠安宅而弗居，舍正路而不由，哀哉！」

孟子曰：「君仁莫不仁；君義莫不義。」

告子曰：「性猶杞柳也，義猶桮棬也，以人性爲仁義，猶以杞柳爲桮棬。」孟子曰：「子能順杞柳之性，而以爲桮棬乎？將戕賊杞柳，而後以爲桮棬也？如將戕賊杞柳，而以爲桮棬，則亦將戕賊人，以爲仁義與？率天下之人而禍仁義者，必子之言夫。」

雖存乎人者，豈無仁義之心哉？其所以放其良心者，亦猶斧斤之於木也，旦旦而伐之，可以爲美乎？

孟子曰：「仁人心也，義人路也，舍其路而弗由，放其心而不知求，哀哉！」

先生以仁義說秦楚之王，秦楚之王悅於仁義而罷三軍之師，是三軍之士樂罷而悅於仁義也，爲人臣者懷仁義以事其君，爲人子者懷仁義以事其父，爲人弟者懷仁義以事其兄，是君臣父子兄弟去利懷仁義以相接也，然而不王者未之有也。何必曰利。

王子墊問曰：「士何事？」孟子曰：「尚志。」曰「何謂尚志？」曰「仁義而已矣。殺一無罪非仁也，非其有而取之非義也，居惡在？仁是也，路惡在？義是也，居仁由義，大人之事備矣。」

孟子曰：「人皆有所不忍，達之於其所忍，仁也；人皆有所不爲，達之於其所爲，義也。人能充無害人之心，而仁不可勝用也；人能充無穿窬之心，而義不可勝用也。人能充無受爾汝之實，無所往而不爲義也。」

孟子亦有單說仁的地方，如仁、不仁、仁政、仁心、仁聞等。亦有幷說仁義禮智的地方，如惻隱、羞惡、辭讓、是非等。不過兼說仁義的地方比較的多些。中庸說：「仁者人也，親親爲大；義者宜也，尊賢爲大」。可見孟子說仁義，亦是依據子思中庸而來的。

（二）性善說　孔子說：「性相近也；習相遠也。」是孔子但說性近，並未明說過性的善惡。不過易繫辭上曾說過「一陰一陽之謂道，繼之者善也，成之者性也。」因此亦有人說孔子是講性善的。亦有人說易繫辭非孔子所作的。中庸說「天命之謂性，率性之謂道，修道之謂教」因此亦有人說子思是說性善的。孟子的學問從子思得來，所以孟子亦說性善。現列舉出來。

孟子道性善，言必稱堯舜。

孟子曰：人皆有不忍人之心。……今人乍見孺子，將入於井，皆有怵惕惻隱之心，非所以內交於孺子之父母也，非所以要譽於鄉黨朋友也，非惡其聲而然也。由是觀之，無惻隱之心非人也，無羞惡之心非人也，無辭讓之心非人也，無是非之心非人也。惻隱之心，仁之端也，羞惡之心，義之端也，辭讓之心，禮之端也，是非之心，智之端也。

告子曰：性猶杞柳也……已見前

告子曰：「性猶湍水也，決諸東方則東流，決諸西方則西流，人性之無分於善不善也，猶水之無分於東西也。」孟子曰：「水信無分於東西，無分於上下乎？人性之善也，猶水之就下也，人無有不善，水無有不下。今夫水，搏而躍之，可使過顙，激而行之，可使在山，是豈水之性哉？其勢則然也。人之可使爲不善，其性亦猶是也。」

告子曰：「生之謂性。」孟子曰：「生之謂性也，猶白之謂白與？」曰「然。」「白羽之白，猶白雪之白，白雪之白，猶白玉之白與？」曰「然。」然則「犬之性，猶牛之性，牛之性，猶人之性與？」

告子曰：「食色性也。仁內也，非外也；義外也，非內也。」……曰「耆秦人之炙，無以異於耆吾炙，夫物則亦有然者也；然則耆炙亦有外與？」

公都子曰：「告子曰『性無善無不善也。』『或曰：性可以爲善，可以爲不善，是故文武興則民好善，幽厲興則民好暴。』『或曰：有性善，有性不善，是故以堯爲君而有象，以瞽瞍爲父而有舜，以紂爲兄之子，且以爲君，而有微子啓王子比干。』今曰性善，然則彼皆非與？」孟子曰：「乃若其情，則可以爲善矣，乃所謂善也。若夫爲不善，非才之罪也。惻隱之心，人皆有之，羞惡之心，人皆有之，恭敬之心人皆有之，是非之心人皆有之，惻隱之心仁也，羞惡之心義也，恭敬之心禮也，是非之心智也，仁義禮智，非由外鑠我也，我固有之也，弗思耳矣。故曰：求則得之，舍則失之，或相倍蓰而無算者，不能盡其才者也。」

孟子曰：「牛山之木嘗美矣，以其郊於大國也，斧斤伐之，可以爲美乎？是其日夜之所息，雨露之所潤，非無萌蘖之生焉，牛羊又從而牧之，是以若彼濯濯也，人見其濯濯也，以爲未嘗有材焉，是豈山之性也哉？雖存乎人者，豈無仁義之心哉？其所以放其良心者，亦猶斧斤之於木也，旦旦而伐之，可以爲美乎？其日夜之所息，平旦之氣，其好惡與人相近也者幾希，則其旦晝之所爲，有梏亡之矣，梏之反覆，則其夜氣不足以存，夜氣不足以存，則其違禽獸不遠矣，人見其禽獸也，而以爲未嘗有才焉者，是豈人之情也哉？」

口之於味也，有同耆焉，耳之於聲也，有同聽焉，目之於色也，有同美焉，至於心，獨無所同然乎？心之所同然者何也？謂理也，義也，聖人先得我心之所同然耳；故理義之悅我心，猶芻豢之悅我口。

孟子曰：人之所不學而能者，其良能也；所不慮而知者，其良知也。孩提之童，無不知愛其親也，及其長也，無不知敬其兄也。親親仁也，敬長義也，無他達之天下也。

孟子說性善，是極端的；是絕對的；是徹頭徹尾的。雖不免有過火的地方，但他的流弊，確較他說少些。

（三）王道說　孔子的政治學說，總不外乎「爲政以德」「道之以德」的口氣。後曾子作大學，他的八條目格物、致知、誠意、正心、修身、齊家以外，就是治國平天下。子思作中庸，載「凡爲天下國家有九經，」就是「修身、尊賢、親親、敬大臣、體羣臣、子庶民、來百工、柔遠人、懷諸侯。」照韓愈「子思之學蓋出曾子」一句話看來，確有一點淵源。到了孟子時候，那末照史記說「孟軻受業子思之門人」一句話看來，他的說王道，亦是不足爲奇的現列舉出來。

不違農時，穀不可勝食也；數罟不入洿池，魚鼈不可勝食也；斧斤以時入山林，材木不可勝用也；穀與魚鼈不可勝食，材木不可勝用，是使民養生喪死無憾也；養生喪死無憾，王道之始也。五畝之宅，樹之以桑，五十者可以衣帛矣；雞豚狗彘之畜，無失其時，七十者可以食肉矣；百畝之田，勿奪其時，數口之家可以無饑矣；謹庠序之教，申之以孝悌之義，頒白者不負戴於道路矣；七十者衣帛食肉，黎民不饑不寒，然而不王者，未之有也。

王如施仁政於民，省刑罰，薄稅斂，深耕易耨，壯者以暇日，修其孝、悌、忠、信，入以事其父兄，出以事其長上，可使制梃以撻秦楚之堅甲利兵矣。

今王發政施仁，使天下仕者皆欲立於王之朝，耕者皆欲耕於王之野，商賈皆欲藏於王之市，行旅皆欲出於王之塗，天下之欲疾其君者，皆欲赴愬於王，其若是，孰能禦之。

樂民之樂者，民亦樂其樂；憂民之憂者，民亦憂其憂，樂以天下，憂以天下，然而不王者，未之有也。

昔者文王之治岐也，耕者九一，仕者世祿，關市譏而不征，澤梁無禁，罪人不孥；老而無妻曰鰥，老而無夫曰寡，老而無子曰獨，幼而無父曰孤，此四者天下之窮民而無告者，文王發政施仁，必先斯四者。

以力假仁者霸，霸必有大國；以德行仁者王，王不待大；湯以七十里，文王以百里。以力服人者，非心服也，力不贍也；以德服人者，中心悅而誠服也；如七十子之服孔子也。

尊賢使能，俊傑在位，則天下之士，皆悅而願立於其朝矣。市廛而不征，法而不廛，則天下之商，皆悅而願藏於其市矣。關譏而不征，則天下之旅，皆悅而願出於其路矣。耕者助而不稅，則天下之農，皆悅而願耕於其野矣。廛無夫里之布，則天下之民，皆悅而願爲之氓矣。信能行此五者，則鄰國之民，仰之若父母矣。率其子弟，攻其父母，自生民以來，未有能濟者也。如此則無敵於天下，無敵於天下者，天吏也；然而不王者，未之有也。

先王有不忍人之心，斯有不忍人之政矣，以不忍人之心，行不忍人之政，治天下可運之掌上。

域民不以封疆之界，固國不以山谿之險，威天下不以兵革之利。得道者多助，失道者寡助，寡助之至，親戚畔之，多助之至，天下順之。以天下之所順，攻親戚之所畔，故君子有不戰，戰必勝矣。

得天下有道，得其民，斯得天下矣；得其民有道，得其心，斯得民矣；得其心有道，所欲與之聚之，所惡勿施爾也。民之歸仁也，猶水之就下，獸之走壙也。

諸侯有行文王之政者，七年之內，必爲政於天下矣。

思天下之民，匹夫匹婦有不被堯舜之澤者，若己推而納之溝中，其自任以天下之重如此。

以佚道使民，雖勞不怨；以生道殺民，雖死不怨殺者。

霸者之民，驩虞如也；王者之民，皥皥如也。殺之而不怨，利之而不庸，民日遷善而不知爲之者。夫君子所過者化，所存者神，上下與天地同流，豈曰小補之哉？

仁言不如仁政之入人深也，善政不如善教之得民也。善政民畏之，善教民愛之，善政得民財，善教得民心。

易其田疇，薄其稅斂，民可使富也。食之以時，用之以禮，財不可勝用也。

民爲貴，社稷次之，君爲輕。

以上爲孟子的王道說。後來講王道的人，確沒有能實行其說的，不過利用他罷了。此外還有孟子的知言養氣說確是孟子一生用力的地方，後宋文天祥把這浩然之氣，和天地正氣日星河嶽並論，可不偉大麽！

第四節　荀子

史記說：「荀卿趙人，年五十，始來游學於齊。騶衍之術，迂大而閎辯。奭也文具難施。淳于髡久與處，時有得善言。故齊人頌曰「談天衍，雕龍奭，炙轂過髡。」田駢之屬皆已死，齊襄王時，而荀卿最爲老師；齊尙修列大夫之缺，而荀卿三爲祭酒焉。齊人或讒荀卿，荀卿乃適楚，而春申君以爲蘭陵令；春申君死，而荀卿廢，因家蘭陵。李斯嘗爲弟子，已而相秦。荀卿嫉濁世之政，亡國亂君相屬，不遂大道，而營於巫祝，信禨祥，鄙儒小拘，如莊周等又滑稽亂俗；於是推儒墨道德之行事興壞，序列著數萬言而卒；因葬蘭陵。」據困學記聞說：蘭陵屬於漢的東海郡，就是現今的沂州承縣的南蘭陵，並非楚的蘭陵，魏的地形志：蘭陵郡蘭陵縣有荀卿冢。有人告春申君說：「湯以七十里，文王以百里，荀卿爲賢者，今以百里之地與之，楚其危哉？」春申君就謝絕荀卿，荀卿就到趙國，某客告春申君說：「伊尹去夏而入殷，殷王而夏亡；管仲去魯而入齊，齊強而魯弱；故賢者之所在，君尊國安，今孫卿天下之賢人也，去其所，國其不安乎？」後來荀卿往見秦昭王，說以禮義之治，王不能用；乃退述仲尼之意，論禮義之治，卑五霸之業，闡明微理，觀破巫呪，排擊墨子的尙儉非樂，著書數萬言；爲蘭陵令而死。現將荀子的學說列舉出來。

（一）性惡說　荀子說性惡，和孟子說性善，均是極端的絕對的；比較西洋理學家盧騷（Rousseau）主張性善，霍布士(Hobbes)主張性惡說理更能暢達。這就是東洋理學史勝過西洋理學史的地方。而荀子的性惡說是怎樣呢？荀子說：

> 人之性惡，其善者僞也。今人之性，生而有好利焉，順是故爭奪生而辭讓亡焉；生而有疾惡焉，順是故殘賊生而忠信亡焉；生而有耳目之欲有好聲色焉，順是故淫亂生而禮義文理亡焉；然則從人之性，順人之情，必出於爭奪，合於犯分亂理而歸於暴；故必將有師法之化，禮義之道，然後出於辭讓合於文理而歸於治。用此觀之，然則人之性惡明矣，其善者僞也。故枸木必將待檃栝烝矯然後直，鈍金必將待礱厲然後利，今人之性惡，必將待師法然後正，得禮義然後治。今人無師法則偏險而不正，無禮義則悖亂而不治；古者聖王以人之性惡，以爲偏險而不正，悖亂而不治，是以爲之起禮義，制法度，以矯飾人之情性而正之，以擾化人之情性而導之也，始皆出於治，合於道者也。今之人化師法積文學道禮義者爲君子；縱性情安恣睢而違禮義者爲小人，用此觀之，然則人之性惡明矣，其善者僞也。

其非孟子性善說曰：「孟子曰：人之學者其性善。曰：是不然，是不及知人之性，而不察乎人之性僞之分者也。凡性者天之就也，不可學，不可事；禮義者，聖人之所生也，人之所學而能，所事而成者也。不可學不可事而在人者謂之性；可學而能可事而成之在人者謂之僞；是性僞之分也。今人之性，目可以見，耳可以聽，夫可以見之明不離目，可以聽之聰不離耳，目明而耳聰，不可學明矣。孟子曰：今人之性善，將皆失喪其性故也。曰：若是則過矣，今人之性，生而離其朴，離其資，必失而喪之；用此觀之，然則人之性惡明矣。所謂性善者，不離其朴而美之，不離其資而利之也；使夫資朴之於美，心意之於善，若夫可以見之明不離目，可以聽之聰不離耳，故曰：目明而耳聰也。今人之性，飢而欲飽，寒而欲煖，勞而欲休，此人之情性也。今人飢見長而不敢先食者，將有所讓也；勞而不敢求息者，將有所代也；夫子之讓乎父，弟之讓乎兄，子之代乎父，弟之代乎兄，此二行者皆反於性而悖於情也；然而孝子之道，禮義之文理也；故順情性則不辭讓矣；辭讓則悖於情性矣；用此觀之，然則人之性惡明矣，其善者僞也。」

問者曰：「人之性惡，則禮義惡生？」應之曰：「凡禮義者，皆生於聖人之僞，非故生於人之性也。故陶人埏埴而爲器，然則器生於工人之僞，非故生於人之性也。故工人斲木而爲器，然則器生於工人之僞，非故生於人之性也。聖人積思慮習僞，故以生禮義而起法度，然則禮義法度者，是生於聖人之僞，非故生於人之性也。」

夫聖人之於禮義也，譬亦陶埏而生之也，然則禮義積僞者，豈人之本性也哉？凡人之性者，堯舜之與桀跖也，其性一也，今將以禮義積僞爲人之性耶？然則曷貴有堯禹？曷貴君子矣哉？凡所貴堯禹君子者，能化性能起僞，僞起而生禮義，然則聖人之於禮義積僞也，亦猶陶埏而生之也。

聖人之所以同於衆，其不異於衆者性也；所以異而過衆者僞也。

古者聖人以人之性惡，以爲偏險而不正，悖亂而不治，故爲之立君上之勢以臨之，明禮義以化之，起法正以治之，重刑罰以禁之，使天下皆出於治，合於善也，是聖人之治，而禮義之化也。今當試去君上之勢，無禮義之化，去法正之治，無刑罰之禁，倚而觀天下人民之相與也，若是則夫強者害弱而奪之，衆者暴寡而譁之，天下之悖亂而相亡不待頃矣。

今使塗之人伏術爲學，專心一志，思索熟察，加日縣久，積善而不息，則通於神明，參於天地矣。

故聖人者，人之所積而致也。曰：聖可積而致，然而皆不可積，何也？曰：可以而不可使也；故小人可以爲君子，而不肯爲君子，君子可以爲小人，而不肯爲小人，小人君子者，未嘗不可以相爲也，然而不相爲者，可以而不可使也；故塗之人可以爲禹則然，塗之人能爲禹未必然也。

荀子所說的僞字，就是人爲的解釋。就是自然的反面。他的主張，就是道德人爲說，所以專講性惡。和孟子主張道德先天說，專講性善的完全不同。因孟子的立脚點，爲直覺觀。荀子的立脚點，爲經驗觀。所以荀子亦說：「孟子性善說，無辨合符驗，未能坐言起行。」就可看見一斑了。

（二）禮樂說　荀子亦爲儒家，當然看重禮樂。不過他的主張是性惡，事之屬於人爲的，所以他的禮樂說亦是屬於人爲的。現列舉出來。

禮起於何也？曰：人生而有欲，欲而不得，則不能無求，求而無度量分界，則不能不爭，爭則亂，亂則窮，先王惡其亂也，故制禮義以分之，以養人之欲，給人之求，使欲必不窮乎物，物必不屈乎欲，兩者相持而長，是禮之所起也。

禮者，治辨之極也，彊國之本也，威行之道也，功名之總也；王公由之所以得天下也，不由所以隕社稷也。故堅甲利兵不足以爲勝，高城深池不足以爲固，嚴令繁刑不足以爲威，由其道則行，不由其道則廢。

禮有三本，天地者生之本也，先祖者類之本也，君師者治之本也；無天地惡生？無先祖惡出？無君師惡治？三者偏亡焉無安人。故禮上事天，下事地，尊先祖而隆君師，是禮之三本也。

禮者謹於治生死者也，生，人之始也，死，人之終也，終始俱善，人道畢矣。故君子敬始而愼終，終始如一，是君子之道，禮義之文也。夫厚其生而薄其死，是敬其有知而慢其無知也，是姦人之道而倍叛之心也，君子以倍叛之心接臧獲，猶且羞之，而況以事其所隆親乎！

我以墨子之非樂也，則使天下亂，墨子之節用也，則使天下貧，非將墮也，說不免焉。墨子大有天下，小有一國，將蹙然衣麤食惡憂戚而非樂；若是則瘠，瘠則不足欲，不足欲則賞不行。墨子大有天下，小有一國，將少人徒，省官職，上功勞苦與百姓均事業，齊功勞；若是則不威，不威則賞罰不行。

樂者，樂也，人情之所必不免也，故人不能無樂，樂則必發於聲音，形於動靜，而人之道，聲音動靜，性術之變盡是矣，故人不能不樂，樂則不能無形，形而不爲道，則不能無亂，先王惡其亂也，故制雅頌之聲以道之，使其聲足以樂而不流，使其文足以辨而不諰，使其曲直繁省廉肉節奏，足以感動人之善心，使夫邪汚之氣無由得接焉，是先王立樂之方也。

樂行而志清，禮修而行成，耳目聰明，血氣和平，移風易俗，天下皆寧，莫善於樂。故曰：樂者樂也，君子樂得其道，小人樂得其欲，以道制欲則樂而不亂，以欲忘道則惑而不樂；故樂者所以導樂也，金石絲竹者所以導樂也，樂行而民鄉方矣。故樂者治人之盛者也。

荀子所說禮樂的功用，與儒家本無二致，不過他的主張是人性惡，所以禮樂皆成爲僞的，那末古人把禮當爲自然之節文儀則，把樂當爲自然之音響節奏，從荀子看來，那都不成話了。

（三）非十二子說　荀子頗推重子弓，把他和仲尼並稱；那末荀學或和仲弓有一點淵源。他的非十二子篇確有見解，不過對於子思孟子，好像苛刻些？現特載下來。

縱情性，安恣睢，禽獸之行，不足以合文通治，然而其持之有故，其言之成理，足以欺惑愚衆，是它囂魏牟也。忍情性，綦谿利跂，苟以分異人爲高，不足以合大衆明大分，然而其持之有故，其言之成理，足以欺惑愚衆，是陳仲史鰌也。不知壹天下建國家之權稱，上功用，大儉約而僈差等，曾不足以容辨異，縣君臣，然而其持之有故其言之成理，足以欺惑愚衆，是墨翟宋鈃也。尙法而無法，下修而好作，上則取聽於上，下則取從於俗，終日言成文典，及紃察之，則偶然無所歸宿，不可以經國定分，然而其持之有故，其言之成理，足以欺惑愚衆，是愼到田駢也。不法先王，不是禮義，而好治怪說，玩琦辭，甚察而不惠，辨而無用，多事而寡功，不可以爲治綱紀，然而其持之有故，其言之成理，足以欺惑愚衆，是惠施鄧析也。略法先王而不知其統，猶然而材劇志大，聞見雜博，案往舊造說，謂之五行，甚僻違而無類，幽隱而無說，閉約而無解，案飾其說而祇敬之曰，此眞先君子之言也，子思唱之，孟軻和之，世俗之溝猶瞀儒，嚾嚾然不知所非也，遂受而傳之，以爲仲尼子游爲茲厚於後世，是則子思孟軻之罪也，

宋蘇東坡說得好，「昔者常怪李斯事荀卿，旣而焚滅其書，大變古先聖王之法，於其師之道不啻若寇讎，及今觀荀卿之書，然後知李斯之所以事秦者，皆出於荀卿而不足怪也。荀卿者喜爲異說而不讓，敢爲高論而不顧者也；其言愚人之所驚，小人之所喜也；子思孟軻世之所謂賢人君子也，荀卿獨曰：『亂天下者子思孟軻也。』天下之人如此其衆也，仁人義士如此其多也，荀卿獨曰：『人性

惡，桀紂性也，堯舜僞也。』由是觀之，意其爲人，必也剛愎不遜，而自許太過；彼李斯者，又特甚者耳。……彼見其師歷詆天下之賢人，自是其愚，以爲古先聖王皆無足法者；不知荀卿特以快一時之論，而荀卿亦不知其禍之至於此也。其父殺人報仇，其子必且行劫。荀卿明王道，述禮樂，而李斯以其學亂天下，其高談異論有以激之也。」現在就把蘇東坡的議論，做一個結束罷。

第四章 道家

第一節 老子

老子，姓李名耳，又名聃，字伯陽，一說名重耳，又名推，字伯宗，又一說名志，字伯光，據史記，爲楚苦縣人。據索隱，苦縣本屬陳，春秋時楚滅陳，遂屬楚，括地志說：「苦縣在亳州谷陽縣界，有老子宅及廟，廟內有九井，今尙存在。」他做周朝守藏史的官，就是現今國立圖書館館長，孔子曾經見過他的。史記說：「適周問禮於老子。」這話頗有根據。如莊子南華經所載老孔問答，和戴記曾子問「吾聞之老聃云，」皆是。老子見周道日衰，乃西出關，關令尹喜強他著書，遂著道德經五千言。道德經共上下二卷，從思想上講，很和漢以前人的思想相合，稱爲古書本無可疑。從文字上講，古書往往叶韻，亦無可疑。不過他書中有仁義文字，所以後人疑爲孟子以後之書。但是這並非確證，因天地仁義道德等，爲矛盾的相對立之二個概念，就是老子的根本思想。所以韓非有解老喻老，漢初如蓋公曹參等，皆尊重老子，實行他的主義。所以老子道德經，確可信爲古書。不過全部書是否出於同一之手，那末不能不有疑問了。

漢書藝文志說：「道家源出史官。」老子本爲史官，他的淵源當然不差了。不過古時書籍，除官家紀載外，民間無從觀覽的，所以後人說百家多出於老子，得道家玄虛一派的，就是名家，陰陽家，和後世清談家，神仙符籙家。得道家踐實一派的，就是儒家。得老子刻忍一派的，就是法家。得老子陰謀一派的，就是兵家，和縱橫家。得道家慈儉一派的，就是墨家。得道家齊萬物平貴賤一派的，就是農家。得道家寓言一派的，就是小說家。傳受道家非純粹的學說和諸家雜說的，就是雜家。這話不盡可靠的，因道家並非萬能，不能說爲了道家源出史官，諸子百家都被他包括無遺了。現將老子的學說列舉出來。

（一）道說　孟子說：「夫道若大路然。」韓子說：「由是而之焉之謂道。」朱子說：「道猶路也。」他們的意思，就是說人類對於一切日用事務，都有當行的路程。不過老子所講的道，卻不是這樣的。他是說宇宙的本體。上古時代有以水爲萬物本體，有以火爲萬物本體的，這叫做一元論。有以金木水火土五行爲萬物本體的，有以地水火風四大爲本體的，這叫做多元論。那老子獨以道爲本體，究竟是一件什麼東西，說牠既然不是當行的路程，那麼說牠是神祕的宗教罷，他說道：「先天地生」「象帝之先」「是謂天地根，」這明明是說道是超乎天地的。一切宗教中什麼上帝、天主、神造等說，都在下風。他說道：

道沖而用之或不盈，淵兮似萬物之宗；挫其銳，解其紛，和其光，同其塵，湛兮似或存；吾不知誰之子，象帝之先。

谷神不死，是謂玄牝，玄牝之門，是謂天地根。緜緜若存，用之不勤。

視之不見名曰夷，聽之不聞名曰希，搏之不得名曰微，此三者不可致詰，故混而爲一。其上不皦，其下不昧，繩繩不可名，復歸於無物，是謂無狀之狀，無物之象，是謂惚恍。迎之不見其首，隨之不見其後，執古之道，以御今之有，能知古始，是謂道紀。

孔德之容，惟道是從，道之爲物，惟恍惟惚，惚兮恍兮，其中有象；恍兮惚兮，其中有物；窈兮冥兮，其中有精；其精甚眞，其中有信；自古及今，其名不去，以閱衆甫，吾何以知衆甫之狀哉？以此。

有物混成，先天地生，寂兮寥兮，獨立不改，周行而不殆，可以爲天下母，吾不知其名，字之曰道；強爲之名曰大，大曰逝，逝曰遠，遠曰反；故道大天大地大王亦大，域中有四大，而王居其一焉；人法地，地法天，天法道，道法自然。

照老子的意思，道還在天的上面。除了上述「象帝之先」「先天地生」「是謂天地根」以外，又說「天法道。」不過道究竟是一件什麼東西，那麼照「道法自然」一句話看起來，道就是自然。並非道以外又有自然。自然本無一定的形象，亦無一定的名稱，所以老子又說：

道可道，非常道。名可名，非常名。無名天地之始。有名萬物之母。故常無欲以觀其妙。常有欲以觀其徼。此兩者同出而異名，同謂之玄；玄之又玄，衆妙之門。

天下皆知美之爲美，斯惡已。皆知善之爲善，斯不善已。故有無相生，難易相成，長短相較，高下相傾，音聲相和，前後相隨。是以聖人處無爲之事，行不言之教，萬物作焉而不辭，生而不有，爲而不恃，功成而弗居。夫唯弗居，是以不去。

道常無爲而無不爲。侯王若能守之，萬物將自化，化而欲作，吾將鎮之以無名之樸，無名之樸，亦將不欲，不欲以靜，天下將自定。

上德不德，是以有德。下德不失德，是以無德。

知者不言，言者不知，塞其兌，閉其門，挫其銳，解其紛，和其光，同其塵，是謂玄同。

道生一，一生二，二生三，三生萬物。

道生之，德畜之，物形之，勢成之，是以萬物莫不尊道而貴德。道之尊，德之貴，夫莫之命而常自然。故道生之，德畜之，長之育之，亭之毒之，養之覆之，生而不有，爲而不恃，長而不宰，是謂玄德。

天地之間，其猶槖籥乎？虛而不屈，動而愈出。

天長地久，天地所以能長且久者，以其不自生，故能長生。

天下萬物生於有，有生於無。

以上所說「道非道」「名非名」「美斯惡」「善斯不善」「無爲無不爲」「上德不德」「知者不言」「生不有」「爲不恃」「長不宰」「虛不屈」「不生故長生」「道生萬物」

「萬物生於無」等話，就是說宇宙的本體無一定的形象和名稱。就叫做自然。

(二)修爲說　老子以人生爲一小宇宙，所以欲將人生和宇宙的本體合歸於一，就是與道同流。他說道：

昔之得一者，天得一以淸，地得一以寧，神得一以靈，谷得一以盈，萬物得一以生，侯王得一以爲天下貞。

一就是道，就是自然。無論天地神谷萬物侯王必須得一。他又說道：

持而盈之，不如其已，揣而梲之，不可長保，金玉滿堂，莫之能守，富貴而驕，自遺其咎，功遂身退，天之道。

三十輻共一轂，當其無有車之用；埏埴以爲器，當其無有器之用；鑿戶牖以爲室，當其無有室之用；故有之以爲利，無之以爲用。

曲則全，枉則直，窪則盈，敝則新，少則得，多則惑，是以聖人抱一爲天下式。不自見故明，不自是故彰，不自伐故有功，不自矜故長，夫唯不爭，故天下莫能與之爭。古之所謂曲則全者，豈虛言哉？誠全而歸之。

飄風不終朝，驟雨不終日，孰爲此者天地；天地尙不能久，而況於人乎？

知足不辱，知止不殆，可以長久。

爲無爲，事無事，味無味，大小多少，報怨以德。圖難於其易，爲大於其細，天下難事必作於易，天下大事必作於細，是以聖人終不爲大，故能成其大。夫輕諾必寡信，多易必多難，是以聖人猶難之。

我有三寶，持而保之，一曰慈，二曰儉，三曰不敢爲天下先。慈故能勇，儉故能廣，不敢爲天下先故能成器長，今舍慈且勇，舍儉且廣，舍後且先，死矣。

他所說做人之道，總不外乎虛、無、空、謙、退、後種種，然最重要的就是柔。所以他又說道：

上善若水，水善利萬物而不爭。處衆人之所惡，故幾於道。

天下之至柔，馳騁天下之至堅。無有入無間，吾是以知無爲之有益。不言之教，無爲之益，天下希及之。

江海所以能爲百谷王者，以其善下之，故能爲百谷王。

> 人之生也柔弱，其死也堅強；萬物草木之生也柔脆，其死也枯槁；故堅強者死之徒。柔弱者生之徒。

> 天下莫柔弱於水，而攻堅強者莫之能勝，以其無以易之。弱之勝強，柔之勝剛，天下莫不知，莫能行。

柔應該學水，水能下，能不爭，能攻堅強。此外還應該學嬰兒。他說道：

> 專氣致柔，能嬰兒乎?
>
> 知其雄，守其雌，爲天下谿，爲天下谿，常德不離，後歸於嬰兒。
>
> 我獨泊兮其未兆，如嬰兒之未孩。
>
> 聖人在天下歙歙爲天下渾其心，聖人皆孩之。
>
> 含德之厚比於赤子。蜂蠆虺蛇不螫，猛獸不據，攫鳥不搏。骨弱筋柔而握固，未知牝牡之合而全作，精之至也。終日號而不嗄，和之至也。

孟子說得好「大人者不失其赤子之心者也。」和老子的言論很相同。不過孟子注重的是赤子的心誠一無僞。老子注重的是嬰兒的德，柔、厚、精、和。不過老子亦有主張誠一無僞的地方，就是注重自然反對人爲。他說道：

五色令人目盲，五音令人耳聾，五味令人口爽，馳騁畋獵令人心發狂。

大道廢有仁義，慧智出有大僞，六親不和有孝慈，國家昏亂有忠臣。

絕聖棄智民利百倍，絕仁棄義民復孝慈，絕巧棄利，盜賊無有。

自然就是誠，人爲就是僞。後來莊子的主張更激烈，他的胠篋篇說：「聖人已死，大盜不起，聖人不死，大盜不止。……竊鉤者誅，竊國者爲諸侯，諸侯之門而仁義存焉。……故絕聖棄知，大盜乃止，擿玉毀珠，小盜不起，焚符破璽，而民朴鄙，掊斗折衡，而民不爭。」這就是老子所遺傳下來的。

（三）政治說　老子的政治說，也是注重大道。大道就是自然，自然就是無爲。孔子贊堯說：「蕩蕩乎民無能名焉，」又說「無爲而治者其舜也與？」可見儒家也注重自然注重無爲。老子說：

治大國若烹小鮮，以道莅天下，其鬼不神，非其鬼不神，其神不傷人，非其神不傷人，聖人亦不傷人，夫兩不相傷，故德交歸焉。

古之善爲道者，非以明民，將以愚之，民之難治，以其智多，故以智治國，國之賊，不以智治國，國之福。

民不畏死，奈何以死懼之。

民之饑，以其上食稅之多，是以饑；民之難治，以其上之有爲，是以難治；民之輕死，以其上求生之厚，是以輕死。

小國寡民，使有什伯之器而不用，使民重死而不遠徙，雖有舟輿無所乘之，雖有甲兵無所陳之，使人復結繩而用之，甘其食，美其服，安其居，樂其俗，鄰國相望，雞犬之聲相聞，民至老死不相往來。

民多利器，國家滋昏；人多伎巧，奇物滋起；法令滋彰，盜賊多有。故聖人云：我無爲而民自化；我好靜而民自正；我無事而民自富；我無欲而民自樸。

老子生在周末，看見各國戰爭紛起，所以說道：

以道佐人主者，不以兵強天下，其事好還；師之所處，荊棘生焉；大軍之後，必有凶年。

夫佳兵者不祥之器，物或惡之，故有道者不處；君子居則貴左，用兵則貴右。兵者不祥之器，非君子之器，不得已而用之；恬淡爲上，勝而不美，而美之者，是樂殺人，夫樂殺人者，則不可以得志於天下矣；吉事尚左，凶事尚右，偏將軍居左，上將軍居右，言以喪禮處之；殺人之衆，以哀悲泣之，戰勝以喪禮處之。

天下有道，卻走馬以糞；天下無道，戎馬生於郊。

善爲士者不武，善戰者不怒，善勝敵者不與。

用兵有言吾不敢爲主而爲客，不敢進寸而退尺；是謂行無行，攘無臂，扔無敵，執無兵。禍莫大於輕敵，輕敵幾喪吾寶；故抗兵相加，哀者勝矣。

這與孔子的不對問陳，孟子的說仁義罷兵和不嗜殺人沒有分別。總之老子主張自然，反對人爲，所以他的道德經裏面，隨處可見寓意，他說得最明瞭的，就是「天之道其猶張弓與？高者抑之，下者舉之，有餘者損之，不足者補之，天之道，損有餘而補不足，人之道則不然，損不足以奉有餘。」等話，這不是赤裸裸地說人爲不如自然麽？至於說到「鄰國相望，雞犬之聲相聞，民至老死不相往來，」

這明明是個理想的國家。老子生在周末，當然有這種理想，和孔子懷想大同世界相同。不過理想縱高，而事實卻不容易見了。

第二節　楊子

楊子傳不詳，只能知道一點大略。從孟子的拒楊墨看來，孟子對於此事極其鄭重，和洪水夷狄猛獸亂臣賊子一樣看待，竟直斷他們爲無父無君，可見當時楊子的學說流行天下，不輸墨子。雖然楊子所著的書，後世未曾傳到，但是列子上邊有楊朱篇。不過不是楊子自己所著，因中間有五常等文字，是漢儒的特產物；就是「人肖天地之類懷五常之性有生之最靈者也。」從此篇看來，他的年代頗不確，并且中間寓言甚多，或者管仲和晏平仲對話，或者晏平仲和鄧析子對話，不是時代錯誤，就是荒誕不經；所以看這楊朱篇理論尙還適當，不過年代考證極不可靠；只有把其他參考書作爲根據。查察楊子的年代，就孟孫陽和禽滑釐的問答，可以知道楊子比較墨子稍後一點。列子又說楊子師事老子，這說也難信的。現將楊子的大概記下來。

楊子名朱，就是孟子所說「楊朱墨翟之言盈天下」是不錯的。莊子又作陽子居，陽楊音通，子居就是朱字的反切。因爲莊子列子皆稱他見老子，所以他的年代實在不容易查考。列子楊朱篇雖然爲後人所僞造，但是當時的思想倘能存在，只要看孟子莊子列子書中所散見的楊子說話，就能明白。楊子的理學思想，一方面反對儒墨的恢復道德以天下爲己任。他一方面就以老莊的放任一派當他的主義；且極端的提倡快樂主義。淮南子說「全性保眞不以物累形，楊子之所立也。」這也是吾國理學史上所不可缺的。

（一）萬物定命說　楊子以爲世間一切現象，皆不能自生自滅。換句話講，就是萬物之死生存亡，都不能由自己的意思去支配，他全爲天地自然所支配。他說道：

萬物所異者生也，所同者死也；生則有賢愚貴賤，是所異也，死則有臭腐消滅，是所同也；雖然賢愚貴賤，非所能也，臭腐消滅，亦非所能也；故生非所生，死非所死，賢非所賢，愚非所愚，貴非所貴，賤非所賤；然而萬物齊生齊死齊賢齊愚齊貴齊賤；十年亦死，百年亦死，仁聖亦死，凶愚亦死，生則堯舜，死則腐骨，生則桀紂，死則腐骨；腐骨一矣，孰知其異；且當趣生，奚遑死後。

孟孫陽問楊子曰：「有人於此，貴生愛身，以蘄不死，可乎？」曰：「理無不死。」「以蘄久生，可乎？」曰「理無久生。生非貴之所能存，身非愛之所能厚。」百年壽之大齊，得百年者千無一焉；設有一者，孩抱以逮昏老，幾居其半矣；夜眠之所弭，晝覺之所遺，又幾居其半矣；痛疾哀苦亡失憂懼，又幾居其半矣；量十數年之中，逌然而自得，亡介焉之慮者，亦亡一時之中爾，則人之生也，奚爲哉？奚樂哉？爲美厚爾，爲聲色爾，而美厚復不可常厭足，聲色不可常翫聞，乃復爲刑賞之所禁勸，名法之所進退，遑遑爾競一時之虛譽，規死後之餘榮，偶偶爾愼耳目之觀聽，惜身意之是好，徒失當年之至樂，不能自肆於一時，重囚纍梏，何以異哉？太古之人，知生之暫來，知死之暫往，故從心而動，不違自然所好，當身之娛非所去也，故不爲名所勸；從性而游，不逆萬物所好，死後之名，非所取也，故不爲形所及，名譽先後，年命多少，非所量也。

楊子一方面說萬物定命，不能自己支配；而他方面又說自己不可失去當身之娛樂，這就是他的快樂主義。他且反對自殺。

孟孫陽曰：「若然，速亡愈於久生，則踐鋒刃，入湯火，得所志矣。」楊子曰：「不然，既生則廢而任之，究其所欲，以俟於死；將死則廢而任之，究其所之，以放於盡；無不廢，無不任，何遽遲速於其間乎？」

他且輕視喪葬的禮制。假晏平仲說：

平仲曰「既死豈在我哉？焚之亦可，沈之亦可，瘞之亦可，露之亦可，衣薪而棄諸溝壑亦可，衮衣繡裳而納諸石椁亦可。」

他又以爲人類間的競爭，不仗腕力全仗智力。說道：

人肖天地之類，懷五常之性，有生之最靈者也。人者爪牙不足以供守衞，肌膚不足以自捍禦，趨走不足以逃利害，無毛羽以禦寒暑，必將資物以爲養性，任智而不恃力。故智之所貴，存我爲貴；力之所賤，侵物爲賤。

他又以爲壽名位貨婚宦君臣忠義等，皆可以累及人生的至樂。說道：

生民之不得休息爲四事故，一爲壽，二爲名，三爲位，四爲貨，有此四者，畏鬼畏人畏威畏刑，此之謂遁人也；可殺可活，制命在外；不逆命，何羨壽？不矜貴，何羨名？不要勢，何羨位？不貪富，何羨貨？此之謂順民也。天下無對，制命在內，故語有之曰：人不婚宦，情欲失半。人不衣食，君臣道息。

豐屋美服厚味姣色，有此四者，何求於外；有此而求外者，無厭之性；無厭之性，陰陽之蠹也；忠不足以安君，適足以危身；義不足以利物，適足以害生；安上不由於忠而忠名滅焉；利物不由於義而義名絕焉；君臣皆安，物我兼利，古之道也。

（二）處世說　楊子一方面取快樂主義；他方面對於人類的競爭侵害頗輕視。所以他的快樂主義，在範圍以內放縱自己的快樂而不妨害他人。怎樣放縱自己的快樂，就是放縱自己之欲。他假管仲和晏平仲的問答。

晏平仲問養生於管夷吾，管夷吾曰：「肆之而已，勿壅勿閼。」晏平仲曰：「其目奈何？」夷吾曰「恣耳之所欲聽，恣目之所欲視，恣鼻之所欲向，恣口之所欲言，恣體之所欲安，恣意之所欲行；夫耳之所欲聞者音聲，而不得聽，謂之閼聰；目之所欲見者美色，而不得視，謂之閼明；鼻之所欲向者椒蘭，而不得嗅，謂之閼顫；口之所欲道者是非，而不得言，謂之閼智；體之所欲安者美厚，而不得從，謂之閼適；意之所欲爲者放逸，而不得行，謂之閼往；凡此諸閼，廢虐之主，去廢虐之主，熙熙然以俟死，一日一月，一年十年，吾所謂養；拘此廢虐之主，錄而不舍，戚戚然以至久生，百年千年萬年，非吾所謂養。」

他又說：

原憲窶於魯，子貢殖於衞，原憲之窶損生，子貢之殖累身，然則窶亦不可，殖亦不可，其可焉在？曰：「可在樂生，可在逸身；故善樂生者不窶，善逸身者不殖。」

他的處世之道，孟子曾說過「楊子取爲我，拔一毛而利天下，不爲也。」又列子楊朱篇載：

楊朱曰：「伯成子高不以一毫利物，舍國而隱耕；大禹不以一身自利，一體偏枯；古之人損一毫利天下不與也，悉天下奉一身不取也；人人不損一毫，人人不利天下，天下治矣。」禽子問楊朱曰：「去子體之一毛以濟一世，汝爲之乎？」楊子曰：「世固非一毛之所濟。」禽子曰：「假濟，爲之乎？」楊子弗應。禽子出語孟孫陽，孟孫陽曰：「子不達夫子之心，吾請言之，有侵若肌膚獲萬金者，若爲之乎？」曰：「爲之。」孟孫陽曰：「有斷若一節得一國，子爲之乎？」禽子默然有間，孟孫陽曰：「一毛微於肌膚，肌膚微於一節，省矣；然則積一毛以成肌膚，積肌膚以成一節，一毛固一體萬分中之一物，奈何輕之乎？禽子曰：「吾不能所以答子，然則以子之言問老聃關尹，則子言當矣。以吾言問大禹墨翟則吾言當矣。」孟孫陽因顧與其徒說他事。

他又主張求學問的人，應該務本舍末，歸同反一。列子說符篇載：

心都子與孟孫陽偕入而問曰：「昔有昆弟三人，游齊魯之間，同師而學，進仁義之道而歸。其父曰：「仁義之道若何？」伯曰：「仁義使我愛身而後名。」仲曰：「仁義使我殺身以成名。」叔曰：「仁義使我身名並全」彼三術相反，而同出於儒，孰是孰非耶？」楊子曰：「人有濱河而居者，習於水，勇於泅，操舟鬻渡，利供百口，裹糧就學者成徒，而溺死者幾半。本學泅，不學溺，而利害如此。若以爲孰是孰非？」心都子嘿然出。

從這一段書看來，楊子確和老莊列接近，和儒家格格不入。可見孟子視若洪水猛獸，信非無因。

第三節　列子

列子名御寇，鄭國人，史記無傳。照列子說符篇鄭子陽令官遺粟一段看來，子陽在鄭繻公二十五年死，當孔子死後七十六年，遺粟事當再在前四五年，時列子年尚壯，不及見孔子老子，到孟子生時，列子已死去十餘年，可見列子已不及和孟子莊子等相見。列子的書說列子師老商子，又說師關尹，並未說師過老子。又莊子的書，雖有記列子的事，但列子並未和莊子會談過；可見莊子生時已不及見列子，那末他的年代約略可知了。

列子說符篇載「子列子窮，容貌有飢色，客有言之鄭子陽者，曰：『列禦寇蓋有道之士也，居君之國而窮，君無乃爲不好士乎？』鄭子陽卽令官遺之粟，子列子出見使者，再拜而辭，使者去，子列子入，其妻望之而拊心曰：『妾聞爲有道者之妻子，皆得佚樂，今有飢色，君遇而遺先生食，先生不受，豈不命也哉！』子列子笑謂之曰：『君非自知我也，以人之言而遺我粟，至其罪我也，又且以人之言，此吾所以不受也。』其卒，民果作難而殺子陽。」又天瑞篇載「子列子居鄭國四十年，人無識者，國君卿大夫眎之猶衆庶也，國不足將嫁於衞。」以後列子怎樣結果，竟無從查考。

現今所傳列子八篇，並非他的手筆。（一一）時代錯誤的記事極多，如公孫龍爲列子以後的人，今亦記錄。（二）仁義之字亦多，如「宋人有好行仁義者，」「魯之君臣日失其序仁義益衰，」「事之破礪而後有舞仁義者弗能復也。」（三）楊朱一篇，和列子毫無干係，不應列入。（四）有許多文已見莊子，如神巫事已載莊子內篇，可見列子爲後人所撰。又列子載列子師關尹壺丘子林老商伯昏無人，但是亦不可靠，呂氏春秋載「子產相鄭，往見壺丘子林，與其弟子坐，必以年。」那末子林和子產同時，列子怎能師事他呢？又列子在唐時代曾配享老子廟中，號沖虛眞人；改稱其書爲沖虛眞經。他的學說怎樣？

（一）萬物生存說　列子論自然，能生能化，就是不生不化，不生不化，就是有生有化。和佛家不生不滅不增不減色不異空空不異色色卽是空空卽是色相彷。他告弟子道：

壺子何言哉？雖然夫子嘗語伯昏瞀人，吾側聞之，試以告女，其言曰：「有生不生，有化不化，不生者能生生，不化者能化化，生者不能不生，化者不能不化，故常生常化，常生常化者，無時不生，無時不化，陰陽爾，四時爾，不生者疑獨，不化者往復，其際不可終，疑獨其道不可窮。黃帝書曰『谷神不死，是謂玄牝，玄牝之門，是謂天地之根，綿綿若存，用之不勤。』故生物者不生，化物者不化，自生自化，自形自色，自智自力，自消自息，謂之生化形色智力消息者，非也。」

列子又說道本無形，並非一個實體，實在是空虛的。不過怎樣能生成萬物呢？他把有與無的中間，設種種過程，再假定懸隔顯著的二概念，使牠漸漸接近。他說道：

昔者聖人因陰陽以統天地，夫有形者生於無形，則天地安從生？故曰有太易，有太初，有太始，有太素；太易者未見氣也，太初者氣之始也，太始者形之始也，太素者質之始也；氣形質具而未相離，故曰渾淪，渾淪者言萬物相渾淪而未相離也；視之不見，聽之不聞，循之不得，故曰易也；易無形埒，易變而爲一，一變而爲七，七變而爲九，九變者容也，乃復變而爲一；一者形變之始也，清輕者上爲天，濁重者下爲地，沖和氣者爲人，故天地含精，萬物化生。

又說：

天地無全功，聖人無全能，萬物無全用；故天職生覆，地職形載，聖職教化，物職所宜；然則天有所短，地有所長，聖有所否，物有所通；何則生覆者不能形載，形載者不能教化，教化者不能違所宜，宜定者不出所位；故天地之道非陰則陽，聖人之教非仁則義，萬物之宜非柔則剛；此皆隨所宜而不能出所位者也。故有生者，有生生者，有形者，有形形者，有聲者，有聲聲者，有色者，有色色者，有味者，有味味者，生之所生者死矣，而生生者未嘗終，形之所形者實矣，而形形者未嘗有，聲之所聲者聞矣，而聲聲者未嘗發，色之所色者彰矣，而色色者未嘗顯，味之所味者嘗矣，而味味者未嘗呈，皆無爲之職也。能陰能陽，能柔能剛，能短能長，能圓能方，能生能死，能暑能涼，能浮能沈，能宮能商，能出能沒，能玄能黃，能甘能苦，能羶能香；無知也，無能也；而無不知也，而無不能也。

（二）萬物定命說　萬物的生成由道支配牠，非偶然的，乃必然的，這就是萬物的定命。他說道：

黃帝書曰：「形動不生形而生影，聲動不生聲而生響，無動不生無而生有；形必終者也，天地終乎？與我偕終，終進乎不止也。道終乎本無始，進乎本不久；有生則復於不生，有形則復於無形；不生者非本不生者也，無形者非本無形者也；生者理之必終者也，終者不得不終，亦如生者之不得不生；而欲恆其生，盡其終，惑於數也。精神者天之分，骨骸者地之分，屬天淸而散，屬地濁而聚，精神離形，各歸其眞，故謂之鬼；鬼歸也，歸其眞宅。」黃帝曰：「精神入其門，骨骸反其根，我尚何存？」

力謂命曰：「若之功奚若我哉？」命曰「汝奚功於物而欲比朕。」力曰：「壽夭窮達貴賤貧富，我力之所能也。」命曰：「彭祖之智而壽八百，顏淵之才不出衆人之下而壽四八，仲尼之德不出諸侯之下而困於陳蔡，殷紂之行不出三仁之上而居君位，季札無爵於吳，田恆專有齊國，夷齊餓於首陽，季氏富於展禽，奈何壽彼而夭此，窮聖而達逆，賤賢而貴愚，貧善而富惡耶？」力曰：「若如若言，我固無功於物，而物若此耶？此則若之所制耶？」命曰：「既謂之命，奈何有制之者耶？朕直而推之，曲而任之，自壽自夭，自窮自達，自貴自賤，自富自貧，朕豈能識之哉？朕豈能識之哉？」

可以生而生，天福也，可以死而死，天福也；可以生而不生，天罰也，可以死而不死，天罰也；可以生，可以死，得生得死有矣；不可以生，不可以死，或生或死有矣；然而生生死死，非物非我，皆命也；智之所無奈何。故曰：窈然無際，天道自會，漠然無分，天道自運；天地不能犯，聖智不能干，鬼魅不能欺；自然者，默之成之，平之寧之，將之迎之。

（三）修爲說　張湛作列子序說道：「其書大略明羣有以至虛爲宗，萬品以終滅爲驗，神惠以凝寂常全，想念以著物自喪，生覺與化夢等情，巨細不限一域，窮達無假智力，治身貴於肆任，順性則所之皆適，水火可蹈，忘懷則無幽不照，此其旨也。」這都是講列子的修身工夫。列子曾說道：

學於夫子，（老商）三年之後，心不敢念是非，口不敢言利害，始得夫子一眄而已；五年之後，心庚念是非，口庚言利害，夫子始一解顏而笑；七年之後，從心之所念，庚無是非，從口之所言，庚無利害，夫子始一引吾竝席而坐；九年之後，橫心之所念，橫口之所言，亦不知我之是非利害歟？亦不知彼之是非利害歟？……內外進矣，而後眼如耳，耳如鼻，鼻如口，無不同也；心凝形釋，骨肉都融，不覺形之所倚，足之所履，隨風東西，猶木葉幹殼，竟不知風乘我邪？我乘風乎？

列子問關尹曰：「至人潛行不空，蹈火不熱，行乎萬物之上而不慄，請問何以至於此？」關尹曰：是純氣之守也，非智巧果敢之列。……彼將處乎不深之度，而藏乎無端之紀，游乎萬物之所終始；壹其性，養其氣，含其德，以通乎物之所造；夫若是者，其天守全，其神無郤，物奚自入焉？夫醉者之墜於車也，雖疾不死，骨節與人同，而犯害與人異，其神全也；乘亦弗知也，墜亦弗知也，死生驚懼不入乎其胷，是故遻物而不慴；彼得全於酒而猶若是，而況得全於天乎？聖人藏於天，故物莫之能傷也。

列子一書，頗有精采，不過有許多見於莊子，這就是不可靠的地方。

第四節　莊子

莊子爲宋蒙人，蒙在河南歸德府城東北，名周，周嘗爲蒙漆園吏，莊子和孟子同時，亦在齊宣王梁惠王時；史記載楚威王聞其賢，遣使厚幣迎之以爲相，莊周笑謂使者曰：「千金重利也，卿相尊位也，子獨不見郊祭之犧牛乎？養之數歲，衣以文繡，入以太廟，當是時欲爲孤豚而不得。子亟去，勿汚我，我寧游戲汚瀆之中以自快。」莊子的書在漢書藝文志爲五十二篇，現今所傳爲三十三篇；嚴君平作老子指歸引用篇目，如閼弈、意修、危言、遊鳧、子胥等，史記列傳如畏累、虛元等，今三十三篇中皆不屬；三十三篇爲郭子玄所删定，內篇七篇，外篇十五篇，雜篇十一篇；內篇莊子自作，文章極奇變，用字極嶄新，如怒而飛、德之和、冷然善、濕灰、杜德機、杜權、善者機、衡氣機、未始出吾宗等，內篇篇名各三字，爲逍遙遊、齊物論、養生主、人間世、德充符、大宗師、應帝王等，乃莊子發揮自己的根本主義；外篇雜篇篇名各二字，間有三字；井觀瑣言載古史謂「莊子讓王、盜跖、說劍諸篇，皆後人攙入者，今考其文字體製信然，如盜跖之文，非惟不類先秦文，亦不類西漢人文字；然自太史公以前卽有之，則有不可曉者；嘗觀其前如馬蹄胠篋諸篇，文意凡近，視逍遙遊大宗師諸篇殊不相侔。」又朱子說「莊子不知何所傳授，卻自見得道體。」而呂東萊以爲莊周是田子方學派。韓退之亦有此說。但是他的思想，確是繼紹老子的。

（一）道說　老子把道當作宇宙的本體看；既不是尋常的道德，亦不是神祕的宗教，莊子繼續老子，亦是這樣，且說得更透切。他說道：

道惡乎隱而有眞僞，言惡乎隱而有是非；道惡乎往而不存，言惡乎存而不可；道隱於小成，言隱於榮華。

夫道未始有封，言未始有常，爲是而有畛也；請言其畛，有左有右，有倫有義，有分有辯，有競有爭，此之謂八德。

夫道有情有信，無爲無形，可傳而不可受，可得而不可見；自本自根，未有天地，自古以固存；神鬼神帝，生天生地；在太極之先而不爲高，在六極之下而不爲深，先天地生而不爲久，長於上古而不爲老。

何謂道？有天道，有人道，無爲而尊者天道也，有爲而累者人道也，主者天道也，臣者人道也，天道之與人道也相去遠矣，不可以不察也。

以道觀言，而天下之君正，以道觀分，而君臣之義明，以道觀能，而天下之官治，以道汎觀，而萬物之應備。

夫道覆載萬物者也，洋洋乎大哉，君子不可以不刳心焉。

天道運而無所積，故萬物成，帝道運而無所積，故天下歸，聖道運而無所積，故天下歸。

東郭子問於莊子曰：「所謂道惡乎在？」莊子曰：「無所不在，」東郭子曰：「期而後可。」莊子曰：「在螻蟻。」曰：「何其下耶？」曰：「在稊稗。」曰：「何其愈下耶？」曰：「在瓦甓。」曰：「何其愈甚耶？」曰：「在屎溺。」

知謂無爲謂曰：「予欲有問乎？若何思何慮則知道？何處何服則安道？何從何道則得道？」三問而無爲謂不答也，非不答，不知答也。知不得問，反而覩狂屈焉，知以之言也問乎狂屈，狂屈曰

「唉！予知之，將語若，中欲言而忘其所欲言。」知不得問，反於帝宮，見黃帝而問焉。黃帝曰：「無思無慮始知道，無處無服始安道，無從無道始得道。」知問黃帝曰：「我與若知之，彼與彼不知也，其孰是邪？」黃帝曰：「彼無爲謂眞是也，狂屈似之；我與汝終不近也。夫知者不言，言者不知，故聖人行不言之教。」

故曰：失道而後德，失德而後仁，失仁而後義，失義而後禮，禮者道之華而亂之首也。故曰：爲道者日損，損之又損，以至於無爲，無爲而無不爲也。

於是泰清問乎無窮曰：「子知道乎？」無窮曰：「吾不知。」又問乎無爲，無爲曰：「吾知道。」曰：「子之知道，亦有數乎？」曰：「有。」曰：「其數若何？」曰：「吾知道之可以貴，可以賤，可以約，可以散，此吾所以知道之數也。」泰清以之言也問乎無始曰：「若是，則無窮之弗知與無爲之知，孰是而孰非乎？」無始曰：「不知深矣，知之淺矣；弗知內矣，知之外矣。」於是泰清終而歎曰：「弗知乃知乎？知乃不知乎？孰知不知之知？」無始曰：「道不可聞，聞而非也；道不可見，見而非也；道不可言，言而非也。知形形之不形乎？道不當名。」無始曰：「有問道而應之者，不知道也；雖問道者亦未聞道，道無問，問無應；無問問之，是問窮也，無應應之，是無內也；以無內待問窮，若是者，外不觀乎宇宙，內不知乎太初，是以不過乎崑崙，不遊乎太虛。」

莊子所說的道，就是自然；就是無爲；就是道可道非常道。原來和老子是同樣的。

（二）反智說　孟子說「是非之心知也。」而老子偏說「智慧出有大僞。」莊子又推闡其說，以至世間的是非、曲直、長短、大小、人生的死生、存亡、壽夭、病痛、貧富、貴賤、智愚、賢不肖皆被一樣看待，無所用其知覺和分別。這就是莊子比較老子尤甚的地方。他說道：

以指喻指之非指，不若以非指喻指之非指也；以馬喻馬之非馬，不若以非馬喻馬之非馬也；天地一指也；萬物一馬也。

天下莫大於秋毫之末，而太山爲小；莫壽乎殤子，而彭祖爲夭；天地與我並生，而萬物與我爲一。

民溼寢則腰疾偏死，鰌然乎哉？木處則惴慄恂懼，猨猴然乎哉？三者孰知正處？民食芻豢，麋鹿食薦，蝍且甘帶，鴟鴉耆鼠，四者孰知正味？猨猵狙以爲雌，麋與鹿交，鰌與魚游，毛嬙麗姬，人之所美也，魚見之深入，鳥見之高飛，麋鹿見之決驟，四者孰知天下之正色哉？自我觀之，仁義之端，是非之塗，樊然殽亂，吾惡能知其辯？

予惡乎知說生之非惑耶？予惡乎知惡死之非弱喪而不知歸者耶？麗之姬，艾封人之子也，晉國之始得之也，涕泣沾襟，及其至於王所，與王同筐牀，食芻豢，而後悔其泣也。予惡乎知死者不悔其始之蘄生乎？夢飲酒者旦而哭泣，夢哭泣者旦而田獵，方其夢也，不知其夢也，夢之中又占其夢焉，覺而後知其夢也，且有大覺而後知此其大夢也。

既使我與若辯矣，若勝我，我不若勝，若果是也？我果非也邪？我勝若，若不吾勝，我果是也？而果非也邪？其或是也？其或非也邪？其俱是也？其俱非也邪？我與若不能相知也，則人固受其黮闇，吾誰使正之？使同乎若者正之，既與若同矣，惡能正之？使同乎我者正之，既同乎我矣，惡能正之？使異乎我與若者正之，既異乎我與若矣，惡能正之？使同乎我與若者正之，既同乎我與若矣，惡能正之？然則我與若與人俱不能相知，而待彼也邪？

昔者莊周夢爲胡蝶，栩栩然胡蝶也，自喻適志與，不知周也；俄然覺，則蘧蘧然周也；不知周之夢爲胡蝶與？胡蝶之夢爲周與？周與胡蝶則必有分矣，此之謂物化。

吾生也有涯，而知也無涯，以有涯隨無涯，殆已。已而爲知者，殆而已矣。

適來夫子時也，適去夫子順也，安時而處順，哀樂不能入也，古者謂是帝之懸解。

指窮於爲薪，火傳也，不知其盡也。

死生亦大矣，而不得與之變。雖天地覆墜，亦將不與之遺。

死生存亡，窮達貧富，賢與不肖，毀譽饑渴寒暑，是事之變，命之行也；日夜相代乎前，而知不能規乎其始者也；故不足以滑和，不可入於靈府，使之和豫通而不失於兌；使日夜無郤，而與物爲春；是接而生時於心者也。

泉涸，魚相與於陸，相呴以溼，相濡以沫，不如相忘於江湖。與其譽堯而非桀也，不如兩忘而化其道。夫大塊載我以形，勞我以生，佚我以老，息我以死，故善吾生者，乃所以善吾死也。

浸假而化予之左臂以爲雞，予因以求時夜；浸假而化予之右臂以爲彈，予因以求鴞炙；浸假而化予之左尻以爲輪，以神爲馬，予因以乘之，豈更駕哉？且夫得者時也，失者順也，安時而處順，哀樂不能入也；此古之所謂縣解也。

今大冶鑄金，金踊躍曰「我且必爲鏌鋣。」大冶必以爲不祥之金。今一犯人之形，而曰「人耳人耳，」夫造化者必以爲不祥之人。今一以天地爲大鑪，以造化爲大冶，惡夫往而不可哉？

彼以生爲附贅縣疣，以死爲決𤴯潰癰，夫若然者又惡知死生先後之所在？假於異物，托於同體，忘其肝膽，遺其耳目，反覆終始，不知端倪。

夫至德之世，同與禽獸居，族與萬物並，惡乎知君子小人哉？同乎無知，其德不離，同乎無欲，是謂素樸，素樸而民性得矣。

故絕聖棄知，大盜乃止。

上誠好知而無道，則天下大亂矣。

是其始死也，我獨何能無概然？察其始而本無生，非徒無生也，而本無形，非徒無形也，而本無氣，雜乎芒芴之間，變而有氣，氣變而有形，形變而有生，今又變而之死，是相與爲春秋冬夏四時行也。

生者假借也，假之而生，生者塵垢也，死生爲晝夜。

死無君於上，無臣於下，亦無四時之事，從然以天地爲春秋，雖南面王樂不能過也。

（三）修爲說　莊子所說做人之道，亦與老子大略相同。他說道：

至人無己，神人無功，聖人無名。

許由曰：……吾將爲名乎？名者實之賓也，吾將爲賓乎？鷦鷯巢於深林，不過一枝，偃鼠飲河，不過滿腹，歸休乎君，予無所用天下爲？庖人雖不治庖，尸祝不越樽俎而代之矣。

爲善無近名，爲惡無近刑，緣督以爲經，可以保身，可以全身，可以養親。

澤雉十步一啄，百步一飲，不蘄畜乎樊中，神雖王，不善也。

回曰：「敢問心齋？」仲尼曰：「若一志，無聽之以耳，而聽之以心，無聽之以心，而聽之以氣；耳止於聽，心止於符，氣也者虛而待物者也；唯道集虛，虛者心齋也。」

蘧伯玉曰：「善哉問乎？戒之愼之，正汝身哉？形莫若就，心莫若和；雖然之二者有患，就不欲入，和不欲出；就而入，且爲顚爲滅爲崩爲蹶，心和而出，且爲聲爲名爲妖爲孽；彼且爲嬰兒，亦與之爲嬰兒，彼且爲無町畦，亦與之爲町畦，彼且爲無崖。亦與之爲無崖，達之入於無疵。」

顏回曰：「回益矣。」仲尼曰：「何謂也？」曰：「回忘仁義矣。」曰：「可矣，猶未也。」它日復見，曰：「回益矣。」曰：「何謂也？」曰：「回忘禮樂矣。」曰：「可矣，猶未也。」它日復見，曰：「回益矣」曰：「何謂也？」曰：「回坐忘矣。」仲尼蹵然曰：「何謂坐忘？」顏回曰：「墮肢體，黜聰明，離形去知，同於大通，此謂坐忘。」仲尼曰：「同則無好也，化則無常也，而果其賢乎？丘也請從而後也。」

無爲名尸，無爲謀府，無爲事任，無爲知主，體盡無窮而遊無朕，盡其所受於天而無見得，亦虛而已。至人之用心若鏡，不將不逆，應而不藏，故能勝物而不傷。

古之治道者，以恬養知，生而無以知爲也，謂之以知養恬；知與恬交相養，而和理出其性；夫德和也，道理也，德無不容仁也，道無不理義也，義明而物親中也，中純實而反乎情樂也，信行容體而順乎文禮也，禮樂偏行，則天下亂矣。

游心於淡，合氣於漠，順物自然而無容私焉，而天下治矣。

以上所述莊子學說的大略。

第五章 墨家

第一節 墨子

墨子年代很不容易查考，應以孟子說爲根據，孟子說：「聖王不作，諸侯放恣，處士橫議，楊朱墨翟之言盈天下，天下之言，不歸楊，則歸墨。」又說：「逃墨必歸於楊，逃楊必歸於儒。」又載：「墨者夷之，因徐辟而求見孟子。」從這方面看來，當孟子時代，楊墨徒黨已滿天下，那末墨子比較孟子先百餘年。貴義篇載：「子墨子南游於楚，獻惠王以老辭，使穆賀見子墨子。」按惠王去位，當周考王九年，去孔子死四十七年，墨子正流寓四方，他的年齡正當四五十歲，那末他的生時，正當孔子晚年。又耕柱篇載：「子夏之徒問於子墨子曰，」那末墨子稍後於七十子，和子思列子等同時。墨子游說諸侯，政策不行。有人說墨子是宋人，因公輸般爲楚作雲梯，墨子急去救宋，所以當墨子爲宋人。又有人說墨子主張兼愛，他的救宋是貫徹他的主張，不能當作他就是宋人。所以墨子究竟是那一國的人，實在是一個疑問。

孟子一度排斥墨子，吾國學者就因此不尊墨子，不過一讀墨子的書，到處可以看到憂世憂民的地方。他說道：「凡入國必擇務而從事焉；國家昏亂則語之尚賢尚同；國家貧則語之節用節葬；國家憙音湛湎，則語之非樂非命；國家淫僻無禮，則語之尊天事鬼；國家務奪侵凌，則語之兼愛。」墨子不但學問淵博，并且長於攻城野戰守禦防備，以及兵甲械具築城旗幟的方法，無不明通。漢劉子政稱墨子爲戰國賢大夫，確是知言。

史記太史公談論六家要指，關於墨家方面，說道：「墨者亦尚堯舜之道，言其德行曰：堂高三尺，土階三等，茅茨不翦，采椽不刮，食土簋，啜土刑，糲粱之食，藜藿之羹，夏日葛衣，冬日鹿裘，其送死桐棺三寸，舉音不盡其哀，教喪禮，必以此爲萬民之率，使天下法若此，則尊卑無別也；夫世異時移，事業不必同，故曰儉而難遵；要曰彊本節用，則人給家足之道也。」又漢書藝文志說：「墨家蓋出於清廟之守，茅屋采椽，是以貴儉；養三老五更，是以兼愛；選士大射，是以上賢；宗祀賢父，是以右鬼；順四時而行，是以非命，以孝視天下，是以上同，此其所長也；及蔽者爲之，見儉之利，因以非禮；推兼愛之意，而不知別親疏。」史記漢書議論較爲允當，可以知道墨家的大略。現將他的學說略載於下。

（一）兼愛說　兼愛是墨子根本觀念，他的主張非攻、節用、節葬、非樂等，都是從兼愛衍出來。孟子說「墨子兼愛，摩頂放踵，利天下爲之。」這話最能包括墨子的大概。他的主張兼愛，和孔子的大同，釋伽的慈悲，耶穌的博愛，沒有多大的分別。不過孔子全是理想，墨子確能實行。釋伽和耶穌是宗教家，墨子的天志明鬼，似宗教家而實非宗教家。他說道：

> 聖人以治天下爲事者也，不可不察亂之所自起；當察亂何自起？起不相愛；臣子之不孝君父，所謂亂也。子自愛不愛父，故虧父而自利，弟自愛不愛兄，故虧兄而自利，臣自愛不愛君，故虧君而自利，此所謂亂也。雖父之不慈子，兄之不慈弟，君之不慈臣，此亦天下之所謂亂也；父自愛也不愛子，故虧子而自利，兄自愛也不愛弟，故虧弟而自利，君自愛也不愛臣，故虧臣而自利，是何也？皆起不相愛。雖至天下之爲盜賊者亦然，盜愛其室，不愛異室，故竊異室以利其室，賊愛其身，不愛人，故賊人以利其身，此何也？皆起不相愛。雖至大夫之相亂家，諸侯之相攻國者亦然，大夫各愛家不愛

異家，故亂異家以利家，諸侯各愛其國不愛異國，故攻異國以利其國，天下之亂物，具此而已矣，察此何自起？皆起不相愛。若使天下兼相愛，人若愛其身，惡施不孝？猶有不慈者乎？視子弟與臣若其身，惡施不慈？不孝亡有，猶有盜賊乎？故視人之室若其室，誰竊？視人身若其身，誰賊？故盜賊亡有，猶有大夫之相亂家諸侯之相攻國者乎？視人家若其家，誰亂？視人國若其國，誰攻？故大夫之相亂家，諸侯之相攻國者亡有。若使天下兼相愛，國與國不相攻，家與家不相亂，盜賊無有，君臣父子皆能孝慈，若此則天下治；故聖人以治天下爲事者，惡得不禁惡而勸愛；故天下兼相愛則治，相惡則亂。故子墨子曰「不可以不勸愛人者此也。」

凡天下禍篡怨恨，其所以起者，以不相愛生也；是以仁者非之，既以非之，何以易之？子墨子言曰：「以兼相愛交相利之法易之。……視人之國若視其國，視人之家若視其家，視人之身若視其身。」

墨子的非攻主義，就是兼愛主義。因爲攻戰就是不兼愛的罪惡。他說道：

今有一人，入人園圃，竊其桃李，衆聞則非之，上爲政者，得則罰之，此何也？以虧人自利也；至攘人犬豕雞豚者，其不義又甚入人園圃竊桃李，是何故也？以虧人愈多，其不仁茲甚，罪益厚；至入人欄廐取人馬牛者，其不仁義又甚攘人犬豕雞豚，此何故也？以其虧人愈多，苟虧人愈多，其不仁茲甚，罪益厚至殺不辜人也，扡其衣裘取戈劍者，其不義又甚入人欄廐取人馬牛，此何故也？以其虧人愈多，苟虧人愈多，其不仁茲甚矣，罪益厚；當此天下之君子，皆知而非之，謂之不義；今至大爲攻國則弗知非，從而譽之謂之義；此何謂知義與不義之別乎？殺一人謂之不義，必有一死罪矣，若以此說，往殺十人十重不義，必有十死罪矣，殺百人百重不義，必有百死罪矣，當此天下之君子，皆知而非之，謂之不義，今至大爲不義，攻國則弗之非，從而譽之謂之義，情不知其不義也。故書其言以遺後世。

興師以攻伐鄰國，久者終年，速者數月，男女久不相見，此所以寡人之過也。

今大國之攻小國，攻者農夫不得耕，婦人不得織，以守爲事。攻人者，亦農夫不得耕，婦人不得織，以攻爲事。

墨子的節用主義，亦是從兼愛來的；因兼愛的人，必能判別利害，節用可以取利而遠害。他說道：

宮室不可不節，衣服不可不節，飲食不可不節，舟車蓄私不可不節，凡此五者，聖人之所儉節也，小人之所淫佚也儉節則昌，淫佚則亡，此五者不可不節。

凡足以奉給民用則止，諸加費於民者，聖王弗爲，故用財不費，民德不勞；反是則其使民勞，其籍斂厚，民財不足凍餓而死者，不可勝數。

墨子主張，不但生人要節用，就是死者也要節用；這叫做節葬。他說道：

正夫賤人死者殆竭家室；諸侯死者殆虛府庫。

他併且反對久喪。說道：

處喪之法。……哭泣不秩聲。翁！縗絰，垂涕，處倚廬，寢苫枕凷。又相率強不食而爲飢，薄食而爲寒。使面目陷陬，顏色黧黑，耳目不聰明，手足不健強不可用也；……必扶而後起，杖而能行，以此共三年。……使王公大人行此則必不能蚤朝。……使農夫行此則必不能蚤出夜入，耕稼樹藝。使百工行此，則必不能修舟車爲器皿矣。使婦人行此，則必不能夙興夜寐，紡績織紝。

以厚葬久喪者爲政，君死喪之三年，父母死喪之三年，妻與後子死者五，皆喪之三年。然後伯父叔父兄弟孽子其族人，五月。姑姊甥舅皆有月數。則毀瘠必有制矣。……苟其飢約又若此矣，是故百姓冬不仞寒，夏不仞暑，作疾病死者不可勝計也。此其爲敗男女之交多矣。以此求衆，譬猶使人負劍而求其壽也。

孟子曾說過「墨子治喪也，以薄爲其道也。」又說：「蓋上世嘗有不葬其親者，其親死則舉而委之於壑。他日過之，狐狸食之，蠅蚋姑嘬之，其顙有泚，睨而不視，夫泚也，非爲人泚，中心達於面目，蓋歸反虆梩而掩之，掩之誠是也；則孝子仁人之掩其親，亦必有道矣。」可見墨家的薄葬短喪，和儒家的厚葬久喪處反對地位。不過孔子亦曾說過「喪與其易也甯戚」，顏淵死，門人欲厚葬他，孔子亦說「不可。」又戴記檀弓載「昔者夫子居於宋，見桓司馬自爲石椁，三年而不成，夫子曰：『若是其靡也，死不如速朽之愈也。』」那末孔子並未曾主張過厚喪厚葬；不過因宰我欲短三年之喪，孔子確說過「子生三年，然後免於父母之懷，夫三年之喪，天下之通喪也。」等話，又孟子葬母，弟子充虞問道：「木若以美然？」孟子說：「古者棺椁無度，中古棺七寸，椁稱之。……得之爲有財，古之人皆用之，吾何爲獨不然。且比化者無使土親膚，於人心獨無恔乎？吾聞之也，君子不以天下儉其親。」照這段書看來，好像孟子主張厚葬的，但是孟子的後喪踰前喪，樂正子曾說明「前以士，後以大夫，前以三鼎，後以五鼎，……非所謂踰也，貧富不同也。」那末「喪具稱家之有無，」孟子並非貧而厚葬，亦可以知道了。

墨子又主張非樂，也是從兼愛主義來的；他以爲樂亦是靡費之一，靡費就不兼愛，所以和節用節葬是同樣性質的。他說道：

爲樂非也。今王公大人雖無造爲樂器以爲事於國家，非直掊潦水拆壤垣而爲之也；將必厚措斂乎萬民，以爲大鐘鳴鼓琴瑟竽笙之聲。譬之若聖王之爲舟車也，卽我弗敢非也。……舟用之水，車用之陸，君子息其足焉，小人休其肩背焉，故萬民出財齎而予之，不敢以爲慼恨者，何也？以其反中民之利也。然則反中民之利亦若此，卽我弗敢非也。然則當用樂器，民有三患，飢者不得食，寒者不得衣，勞者不得息，三者民之巨患。然卽當爲之撞巨鐘擊鳴鼓彈琴瑟吹竽笙而揚干戚，民衣食之財，將安可得乎？卽我以爲未必然也。

今惟毋在乎王公大人說樂而聽之，卽必不能蚤朝晏退聽獄治政，是故國家亂而社稷危矣。

今惟毋在乎士君子說樂而聽之，即必不能竭股肱之力，亶其思慮之智，內治官府，外收斂關市山林澤梁之利以實倉廩府庫，是故倉廩府庫不實。今惟毋在乎農夫說樂而聽之，即必不能蚤出暮入，耕稼樹藝，多聚升粟不足。今惟毋在乎婦人說樂而聽之，即必不能夙興夜寐，紡績織紝，多治麻絲葛緒綑布縿，是故布縿不興。

墨子的非樂太忽略精神方面，難道人生在世，除了衣食住行物質方面需要外，所有精神生活美感陶冶，統共置之不顧麽？

（二）非命說　墨子的非命說，的確合乎現今物競天擇優勝劣敗的公例。只有儒家道家言命，不過儒家言命，並非迷信，如孔子既說：「不知命何以爲君子也，」然又說：「不怨天不尤人下學而上達知我者其天乎？」「人不知而不慍不亦君子乎？」孟子既說：「莫非命也順受其正，」然又說：「是故知命者不立乎巖牆之下，盡其道而死者正命也，桎梏死者非正命也。」可見儒家言命，不廢人爲，和申包胥「人定勝天天定亦能勝人」的言論相合。茲將墨子的非命說錄下。

今用執有命者之言，則上不聽治，下不從事。上不聽治則刑政亂，下不從事則財用不足。上無以供粢盛酒醴，祭祀上帝鬼神，降綏天下賢可之士。外無以應待諸侯之賓客。內無以食飢衣寒將養老弱。故命上不利於天，中不利於鬼，下不利於人，而強執此者，此持凶言之所自生，而暴人之道也。

今也王公大人之所以早朝晏退，聽獄治政，終朝均分而不敢息怠倦者，何也？曰：彼以爲強必治，不強必亂，強必寧，不強必危，故不敢怠倦。今也卿大夫之所以竭股肱之力，殫其思慮之知，內治官府，外斂關市山林澤梁之利，以實官府而不敢怠倦者，何也？曰：彼以爲強必貴，不強必賤，強必榮，不強必辱，故不敢怠倦。今也農夫之所以蚤出暮入，強乎耕稼樹藝，多聚升粟而不敢怠倦者，何也？曰：彼以爲強必富，不強必貧，強必飽，不強必飢，故不敢怠倦。今也婦人之所以夙興夜寐，強乎紡績織紝，多治麻絲葛緒布縿而不敢怠倦者，何也？曰：彼以爲強必富，不強必貧，強必煖，不強必寒，故不敢怠倦。今雖毋在乎王公大人蕢若信有命而致行之，則必怠乎聽獄治政矣，卿大夫必怠乎治官府矣。農夫必怠夫耕稼樹藝矣。婦人必怠乎紡績織紝矣。王公大人怠乎聽獄治政，卿大夫怠乎治官府，則我以爲天下必亂矣。農夫怠乎耕稼樹藝，婦人怠乎紡績織紝，則我以爲天下衣食之財將必不足矣。

墨子的非命，確在吾國理學史上放一異彩。雖十六世紀以後科學世界之見識之議論，亦不過爾爾，不得不感歎吾國開化獨早人民智識發達最先。不過墨子既不信命，何以又信天又信鬼？非命以外，偏偏有天志明鬼；難道命與天矛盾不並立？那末孔子所說「死生有命富貴在天」是兩樁事麽？

第六章　其他諸家

第一節　法家諸子

史記太史公談論六家要指，關於法家方面，說道：「法家不別親疏，不殊貴賤，一斷於法，則親親尊尊之恩絕矣可以行一時之計，而不可長用也；故曰嚴而少恩。若尊主卑臣，明分職不得相踰越，雖百家弗能改也。」又漢書藝文志曰：「法家者流，蓋出於理官，信賞必罰，以輔禮制。易曰：『先王以明罰飭法，』此其所長也。及刻者爲之，則無教化，去仁愛，專任刑法，而欲以致治至於殘害至親，傷恩薄厚。」這兩段對於法家描摩盡致。茲將法家諸子錄下。

（一）管仲　漢書藝文志，把管仲作道家。不過七略當他爲法家。最可惜的管子一書，爲後人所僞託，實在無可記錄。現在但就太史公所作列傳中的管子摘記一二，以存管子的眞相。

管仲夷吾者潁上人也……任政于齊，齊桓公以霸，九合諸侯，一匡天下，管仲之謀也……管仲既任政相齊，以區區之齊在海濱，通貨積財，富國強兵，與俗同好惡。故其稱曰：「倉廩實而知禮節，衣食足而知榮辱，上服度則六親固，四維不張，國乃滅亡。」下令如流水之源，令順民心，故論卑而易行。俗之所欲，因而予之，俗之所否，因而去之。其爲政也，善因禍而爲福，轉敗而爲功，貴輕重，愼權衡。桓公實怒少姬，南襲蔡，管仲因而伐楚，責包茅不入貢於周室。桓公實北征山戎，而管仲因而令燕修召公之政。於柯之會，桓公欲背曹沫之約，管仲因而信之。諸侯由是歸齊。故曰：知與之爲取，政之寶也……

太史公曰：「吾讀管氏牧民山高乘馬輕重九府，……詳哉其言之也。旣見其著書，欲觀其行事，故次其傳。至其書世多有之，是以不論，論其軼事，管仲世所謂賢臣，然孔子小之。豈以爲周道衰微，桓公旣賢而不勉之至王，乃稱霸哉？語曰：『將順其美，匡救其惡，故上下能相親也。』豈管仲之謂乎？……」

（二）申不害　申不害本爲鄭國賤臣，後見韓昭侯，昭侯用爲相，十五年間敵不敢侵韓。周顯王三十三年死去。太史公說：「申子之學本於黃老，而主刑名。著書二篇，號申子。」漢書藝文志有法家申子六篇今已亡。他的學說，主張客觀的，普徧的。不主張主觀的，特殊的。客觀與普徧，就是萬物進動。主觀與特殊就是心。人君須把萬物進動爲標準，如過專用主觀的心，不免偏於一隅，萬不可靠。故說道：「去聽無以聞則聰，去視無以見則明，去智無以知則公。」他的思想和口吻，頗像老子，說道：「至智棄智，至仁忘仁，至德不德。」他主張無爲政治，說道：「因者君術也，爲者臣道也，爲則擾矣，因則靜矣。因冬爲寒，因夏爲暑，君奚事哉？故曰：君道無知無爲，而賢於有知有爲，則得之矣。」他又主張專任法，說道：「法者見功而與賞，因能而受官。」又說：「君必明法正義，若懸權衡以稱輕重，所以一羣臣也。」又說：「堯之治也，善明法察令而已。聖君任法而不任智，任數而不任說。黃帝之治天下，置法而不變，使民安樂其法也。」

荀子說：「申子蔽於勢而不知智。」太史公說：「申子卑卑，施於名實。」照他二人的議論，不害的學術，亦可想而知了。

（三）商鞅　太史公說：「商君其天資刻薄人也。」商君姓公孫名鞅，衞的庶孽公子。少時好刑名法術之學，聞秦孝公求賢，遂因孝公寵臣景監而得見，爲秦相，定變法令，封商於地，故號商君。相秦十年，宗室大臣多怨望，孝公死，而商君被車裂以殉。漢書藝文志商君書二十九篇，今存二十四篇。他的主張，確係自用自專，生今反古，說道：「三代不同禮而王，五霸不同法而霸。……前世不同教，何古之法？帝王不相復，何禮之循。伏義神農教而不誅，黃帝堯舜誅而不怒，及至文武各當時而立法，因事而制禮。……治世不一道，便國不必法古，湯武之王也，不循古而興，殷夏之滅也，不易禮而亡。然則反古者未必可非；循禮者未足多是也。」他的本領全在富國強兵。史記載他所頒的制度。

令民爲什伍，而相收司連坐。不告姦者腰斬；告姦者與斬敵首同賞；匿姦者與降敵同罰。民有二男以上，不分異者，倍其賦。有軍功者各以率受上爵，爲私鬭者各以輕重被刑。大小僇力本業耕織，致粟帛多者，復其身。事末利，及怠而貧者，舉以爲收孥。宗室非有軍功，論不得爲屬籍。明尊卑爵秩等級，各以差次名田宅。臣妾衣服以家次。有功者顯榮。無功者雖富無所芬華。

商君以刑爲齊一萬民的方法。說道：「夫刑者所以奪禁邪也。賞者所以助禁也。是故重罰輕賞則民愛上，民死上。重賞輕罰，則民不愛上，民不死上。……故王者刑九而賞一。強國刑七而賞三。削國刑五而賞亦五。」照這樣看，他的殘酷可知。所以他臨渭水論囚，渭水盡赤，是不虛的。

（四）韓非　韓非爲韓諸公子，喜法術刑名。和李斯同學於荀卿，斯自知不如非。非見韓弱，上書諫韓王，王不用，作孤憤五蠹內外儲說說林說難飾邪等諸篇。傳至秦，秦王見而思其人。後非到秦，秦王悅，李斯姚賈毀非，非下獄，遂自殺。太史公論非說：「韓子引繩墨切事情明是非，其極慘礉少恩」確是不差的。漢書藝文志載韓非子五十五篇，今所傳爲五十五篇。不過其中後人僞託的亦不少。又太史公說：「韓非者韓之諸公子也，喜刑名法術之學，而其歸本於黃老。」柯維騏說：「申韓由黃老而流入於刑名，所謂無情之極，至於無恩者也。」淩約言說：「韓非皆出於老子。」陳仁子說：「論申韓之慘而歸之老子，遷之論確矣。」林希逸說：「老莊之學，喜爲驚世駭俗之言，故其語多有病。此章大旨（天地不仁章）不過曰天地無容心於養民，卻如此下語，涉於奇怪，而讀者不精，遂有深弊。故曰申韓之慘刻，原於芻狗百姓之意，雖老子亦不容辭其責矣。」韓非以法律爲至上主義，無論一言一行，須遵法律。說：「釋法術而心治，堯不能正一國。去規矩而妄意度，奚仲不能成一輪。」又說「明主之道，一法而不求智。」又說「法不阿貴，繩不撓曲，法之所加，智者弗能辭，勇者弗敢爭。」又說：「國無常彊，無常弱，奉法者彊則國彊，奉法者弱則國弱。」又說：「明主使法擇人，不自擧也。使法量功，不自度也。」又說：「今不知治者，必曰得民之心，欲得民之心而可以爲治，則是伊尹管仲，無所用也，將聽民而已矣。……今上急耕田墾草，以厚民產也，而以上爲酷。修刑重罰以爲禁邪也，而以上爲嚴。徵賦錢粟以實倉庫，且以救饑饉備軍旅也，而以上爲貪。境內必知介而無私解，幷力疾鬭，所以禽虜也，而以上爲暴。此四者所以治安也，而民不知悅也。」又說：「宋人有耕田者，田中有株，兔走觸株，折頸而死，因釋其耒而守株，冀復得兔，兔不可復得，而身爲宋國笑。今欲以先王之政，治當世之民，皆守株之類也。古者丈夫不耕草木之實，足食也，婦人不織禽獸之皮，足衣也。不事力而養足，人民少而財有餘，故民不爭。是以厚賞不行，重罰不用，而民自治。今人有五子不爲多，子又有五子，大父未死而有二十五孫，是以人民衆而貨財寡，事力勞而供養薄，故民爭。雖倍賞累罰而不免於亂。」又說：「且夫以法行刑，而君爲之流涕，此以效仁，非以爲治也。夫垂泣不欲刑者仁也，然而不可不刑者法也。先王勝其法不聽其泣，則仁之不可以爲治亦明矣。」又說：「今有不才之子，父母怒之弗爲改，鄉人譙之弗爲動，師長教之弗爲變，夫以父母之愛，鄉人之行，師長之智，三美加焉，而終不動其脛毛，不改；州部之吏，操官兵，推公法，而求索姦人，然後恐懼，變其節易其行矣；故父母之愛，不足以教子，必待州部之嚴刑者；民固驕於愛聽於威矣。」

又韓非主張重刑輕賞，完全與商鞅同。說道：「行刑重其輕者，輕者不至，重者不來，是謂以刑去刑。」又說：「聖人之治民，度於本不從其欲，期於利民而已；故其與之刑，非所以惡民，愛之本也；刑勝而民靜，賞繁而姦生；故治民者，刑勝，治之首也。賞繁，亂之本也。」

第二節　名家諸子

史記太史公談論六家要指，關於名家方面，說道：「名家苛察繳繞，使人不得反其意，專決於名而失人情。故曰：使人儉而善失眞。若夫控名責實，參伍不失，此不可不察也。」又漢書藝文志曰：「名家者流，蓋出於禮官，古者名位不同，禮亦異數，孔子曰：『必也正名乎？名不正則言不順，言不順則事不成。』此其所長也。及警者爲之，則苟鉤鈲析亂而已。」這兩段對於名家發揮透闢。茲將名家諸子錄下。

（一）鄧析　漢書藝文志列鄧析爲名家第一。考鄧析鄭國人，和子產同時，他的名頗散見於左傳列子荀子呂覽等。鄧析喜弄辯玩辭，非君子者流，今所傳的爲無厚轉辭二篇，中間頗不一致，恐係僞作，有接近法家的言論，如「萬物自歸莫之使也。」又對於老子「聖人不死大盜不止」的言論，反覆不已。此外循名責實的語調不少，不過決非析所說。茲將呂覽所載記下。

洧水甚大，鄭之富人有溺者，人得其死者，富人請贖之，其人求金甚多，以告鄧析，鄧析曰：「安之，人必莫之賣矣。」得死者患之，以告鄧析，鄧析又答之曰：「安之，此必無所更賣矣。」

子產治鄭，鄧析務難之，與民之有獄者，約大獄一衣，小獄襦袴，民之獻衣襦袴而學訟者不可勝數。以非爲是，以是爲非，是非無度，而可與不可日變，所欲勝因勝，所欲罪因罪，鄭國大亂，民口讙譁。子產患之，於是殺鄧析而戮之，民心乃服，是非乃定，法律乃行。

（二）尹文　漢書藝文志說：「尹文子說齊宣王，先公孫龍。」師古注劉向說：「尹文子與宋鈃同遊稷下，惜其傳不詳。藝文志有尹文子一篇，今所傳爲大道上下二篇，他主張「以名正形，循自然之趨勢而治民。」和韓非相同。他又以聖人爲主觀的個人的，聖法爲客觀的普遍的，強爲區別，以表示名家的特徵。他說道：

名稱者何，彼此而檢虛實者也。自古至今，莫不用此而得，用彼而失；失者由名分混，得者由名分察；今親賢而疏不肖，賞善而罰惡，賢不肖善惡之名宜在彼，親疏賞罰之稱宜屬我，我之與彼，又復一名，名之察者也；名賢不肖爲親疏，名善惡爲賞罰，合彼我之一稱而不別之，名之混者也；故曰：名稱者不可不察也。語曰：好牛，好則物之通稱，牛則物之定形，以通稱隨定形，不可窮極者也，設復言好馬，則後連於馬矣，則好所通無方也，設復言好人，則彼屬於人也，則好非人，人非好也，則好牛好馬好人之名自離矣。故曰名分不可相亂也。……

照上所說，和公孫龍的白馬論堅白論，大都相同。不但有名家的稱呼，就使把希臘時代的詭辯學派相比較，亦未嘗不可。

（三）惠施　惠施梁相，和莊子同時，莊子嘗稱贊他。和公孫龍齊名。他的詭辯，（1）魏惠王和齊威王相約誓，威王背約，惠王怒欲討伐他，惠施教人見惠王說：「蝸的左角有國叫做觸，右角有國叫做蠻，爭地相戰，伏尸數萬，追北十五日始反。今在大世界上爭區區的地方，和蝸角的戰爭有什麽兩樣呢？」惠王卽覺悟。(2)卵有毛鉤有須。荀卿說：「鉤有須。卵有毛，是說之難持者也，而惠施鄧析能之。」(3)無厚不可積也，微厚可積千里。這和老子無生有的意思相同。(4)雞三足。這是說兩足以外，還有使牠動的。(5)馬有卵。這是說胎和卵並無一定的形態，所以鳥也可以有胎，馬也可以有卵。(6)輪不輾地。這是說輪不能著地，因黏滯卽不能行動。(7)鏃矢雖疾，不發不行，發則不止，是其疾在人而不在鏃矢。(8)丁子有尾。丁子就是蝦蟇，用科學眼光看來，蝦蟇本是蝌蚪變的，那末蝌蚪原來有尾巴的。荀子說：「夫堅白同異有厚無厚之察，非不察也，然而君子不辨，止之也。」總之這種辯論，和時代思想沒有多大關係，所以儘可不去深究他。

(四)公孫龍　公孫龍趙人，字子秉，爲平原君客，和孟子同時。他的言論散見於列子莊子呂氏春秋等。漢書藝文志說公孫龍子爲十四篇，今所傳僅數篇。他的詭辯，(1)孤犢未嘗有母　這是說既稱孤犢不應有母，有母的非孤犢，是子犢。(2)一髮引千鈞　這是說髮所以斷的緣故，因爲有不平均的地方；如過不是這樣，那末不會斷的。(3)有影不移　這是說影的位置不變動。如過見影移動，這並非移動，乃是新生的現象。(4)有物不盡　這是說一物折半，常有兩具。如過不能折半，那末常有一具。所以說有物不盡。(5)白馬非馬　這是說白爲色，馬爲形，色非形，形非色，色和形不可混合。譬如求白馬不見，不可以牠色馬代。所以說白馬非馬。(6)趙與秦會盟於洧，曰：趙之所攻者，秦亦攻之；秦之所攻者，趙亦攻之。旣而秦攻中山，趙卻救之，秦大怒，平原君患焉，召公孫龍而問之，龍曰：可向秦使言我今欲救中山，君何不與我俱。(7)堅白論　公孫龍曰：堅白石三可乎？曰不可。二可乎？曰可。謂目視石，但見白，不知其堅，則謂之白石。手觸石，則知其堅而不知其白，則謂之堅石。是堅白終不可合爲一也。

以上所記名家諸子各人不同，但是所使詭辯名實兩符則一。亦可以見吾國論理學的發達也不後於他國。

第三節　雜家諸子

漢書藝文志以兼儒墨合名法的稱爲雜家。因雜取古說，不能獨樹一宗，不過中間亦有好辯而思想可取的，特採錄如下。

(一)尸佼　尸佼魯人，商君曾師事他，商君死，逃入蜀，所著書存的不多。他的治國意見以義爲惟一方便。說道：「夫義者萬事之源也國之所以立。」又說：「賢者之治，去害義者。」他又以義爲利。說道「義必利，雖桀殺關龍逢紂殺王子比干，猶謂義之必利也。是故堯以天下與舜，曰『富乎義乎？』舜乃曰：『義也。』舜之治天下也，天下調於玉燭，息於永風，食於膏火，飲於醴泉；而舜之德如河海，千仞之溪亦滿焉，螻蟻之穴亦滿焉。普天之下，莫不潤澤。此以比禹之平水土，湯之放桀，則無大小廣狹之差焉。」他的這種議論，頗和鄒魯相近。他甚重德義。說道：「夫德義也者，視之弗見，聽之弗聞，天地以正，萬物以偏，無爵而貴，不祿而尊也。」他又以道德和天地的自然法同一看待。說道：「天地生萬物，聖人裁之，裁物以制分，便事以立官，君臣父子上下長幼貴賤親疏，皆得其分曰治，愛得分曰仁，施得分曰義，慮得分曰智，動得分曰適，言得分曰信，皆得其分而後爲成人。明王之治民也，事少而功立，身逸而國治，言寡而令行。事少而功多，守要也。身逸而國治，用賢也。言寡而令行，正名也。」從這段看來，他又注重名分。所以他併說：「陳繩則木之枉者有罪，措準則地之險者有罪，審名分則羣臣之不審者有罪矣。」可見商君法的觀念，就是從這面來的。

（二）呂不韋　秦相呂不韋命食客作呂氏春秋，又名呂覽，有八覽六論十二紀，中期賢篇有「當今之時世闇甚矣，人主有能明其德者，天下之士其歸之也。」一句確是秦一統以前的書。書中的議論，（1）社會的最大目的爲利，忠臣烈士不外欲達此目的。（2）政不可不以人性爲基礎。（3）人的本能爲慾，無慾則社會不活動，利用此慾爲官吏的任務。（4）身非我所私有，乃嚴親的遺骸。此外所載，有類於中庸的，有類於楊子的，有類於管子的，有取老子的，有君道尚一之說，有天人感應之說，中間非常雜駁，所以列入雜家。

雜家中亦有兵家縱橫家和類乎道家墨家的，因和理學沒有關係，故不載。

第七章　秦代

秦代沒有什麼學術，秦政聽了荀卿的弟子李斯的話，把五帝三王相傳下來的古典，除易認爲卜筮書外，悉數焚燬無餘，所以後人研究古學，不是無所依據煞費研究苦心，就是以僞亂眞，魚目混珠。這可以說是吾國學術思想史上一大打擊。亦可以說秦政李斯的一大罪惡。現把太史公所作秦本紀，關於學術消長史略述如下。

丞相李斯曰：「五帝不相復，三代不相襲，各以治，非其相反，時變異也。今陛下創大業建萬世之功，固非愚儒所知；且越言乃三代之事何足法也。異時諸侯並爭，厚招游學，今天下已定，法令出一，百姓當家則立農工，士則學習法令辟禁，今諸生不師今而學古，以非當世，惑亂黔首，丞相臣斯昧死言，古者天下散亂，莫之能一，是以諸侯並作，語皆道古以害今，飾虛言以亂實，人善其所私學，以非上之所建立。今皇帝并有天下，別黑白而定一尊，私學而相與非法教人聞令下則各以其學議之，入則心非，出則巷議，夸主以爲名，異取以爲高，率羣下以造謗，如此弗禁，則主勢降乎上，黨與成乎下，禁之便。臣請史官非秦紀皆燒之。非博士官所職，天下敢有藏詩書百家語者，悉詣守尉雜燒之。有敢偶語詩書棄市。以古非今者族。吏見知不舉者與同罪。令下三十日不燒黥爲城旦。所不去者，醫藥卜筮種樹之書，若欲有學法令，以吏爲師。」制曰：「可。」

照這段書看來，秦代的毀滅學術思想可見一斑。而始皇和李斯的速取滅亡，亦可一覽無餘。

第三編　中古理學史

第一章　兩漢理學

漢代經秦焚書坑儒以後，斷簡殘編搜羅頗不容易，一般讀書的工作，都忙在到處搜集，搜集得到以後，或執經問難，或埋頭攻究，那裏有多少工夫去運用思想發明學術。譬方人家遇到兵燹或火災以後，只得在頹垣敗瓦中掘取燼餘，那裏有心思去談到新計劃新建設，和怎樣的建築新屋舍。所以漢代的理學不發達，是當然的意中的。現將對於學術較有關係的略述於下。

（一）訓詁學　漢高祖卽帝位，知不能以馬上治天下，因此以太牢祀孔子，首先尊重儒學。同時又信奉老子，呂后蕭何曹參張良等亦然。因受暴秦苛政以後，淸靜無爲的大道，最爲適宜。文帝亦好黃老，躬修玄默。景帝時改老子爲經，因諸子中老子獨深遠。武帝好儒，置五經博士，董仲舒對策，欲宗儒道，絕異學。後漢明帝佛教入中國，於是儒釋道三教並行，直至今日。

漢書儒林傳說：漢代經術最盛，專家不少，不過到了東漢以後，分爲今學和古學，雙方意見頗深。在西漢時代，賈誼孔安國河間獻王等都好古學，因此而毛詩古文尙書左氏春秋等傳下來，周官最爲晚出。新莽時代劉歆治左氏春秋，和周官，古學因而暢行。又有許愼字叔重博學經籍，馬融常推敬他，時人稱「五經無雙許叔重，」撰五經異議和說文解字十四篇，訓詁書得集大成。馬融鄭玄起初均治古學，後玄雜用今古文，於是古學和今學不容易分清了。

（二）詞章學　秦漢以前，並無所謂詞章學，從屈原作離騷後，於是繼續風雅而勃興。不過離騷總不外乎忠君愛國四字。漢興，有司馬相如虞丘壽王東方朔枚乘枚皐王褒劉向揚雄等，錦辭繡句，耳目一新，不愧太平時代的產物。

儒學復興和詞章流行外，還有讖緯學和五行論，緯書周代已有，據說自河圖洛書遞嬗而來，秦史望氣人說「東南有天子氣。」又盧生奏讖語「亡秦者胡。」後漢光武中興，因圖讖早有劉秀作天子語，所以光武特別信奉。五行論起於漢武帝時代，往往附會經術，解釋陰陽災異，除董仲舒崇奉以外，尚有夏侯勝京房翼奉劉向谷永等。諸學以外，尚有司馬遷的史記，賈誼的奏策，漢代文學的興盛可以想見。至於理學方面，如陸賈論性善，賈誼論性有三，近於性三品說，劉向亦然，王充亦然，荀悦亦然，而以董仲舒劉安揚雄爲最著。玆略述於後。

第一節　董仲舒

董仲舒漢景帝時博士。漢武帝詔求賢良方正直言極諫之士，仲舒上天人三策，武帝拔第一。仲舒治春秋，後爲公孫弘所嫉，斥爲膠西王相，以病免，居桂巖山，自號桂巖子。仲舒著春秋繁露傳，不過學者都以爲僞作。

（一）天人合一説　仲舒説：「道之大原出於天。」又説：「先王則天以行政。」因人的系統，經父母至祖父母，經祖父母至曾祖父母，由下而上層層追溯，就可知人本於天。天人的人就是天，天爲人的曾祖父，故人不可不尊敬天，人不可不類似天。不過董子所説的天，頗爲抽象的。如順命篇所載「父者子之天也，天者父之天也。」「諸所受命者，其尊皆天也。」可知他的意思，不過以爲尊者罷了。現將他的本意分析如下。

（1）天的貴重，是固然的。天子的禮，除郊（祭天）外，沒有比他重的。每年正月，必先祭天，然後祭百神。逢三年之喪不祭先，然不敢廢郊。可知郊比宗廟爲重。天比人爲重。

（2）人爲天的子，故身體性情皆類天。他的意思，以天終歲之數爲人身，故小節三百六十六，符一年日數。大節十二分，符一年月數。內有五臟符五行數。外有四肢符四時數。乍視乍瞑，符晝夜。乍剛乍柔符冬夏。乍哀乍樂符陰陽。心有計慮，符度數。行有倫理，符天地。又說：人的性情和天地一貫，如喜氣取春，樂氣取夏，怒氣取秋，哀氣取冬。天有四時，不可移易。人有四情，各得其所。

（3）天人感應，爲仲舒的根本思想。天人皆有陰陽之氣，陰氣和陰氣相應，陽氣和陽氣不相應，說道：所謂天地之陰氣起，而人之陰氣應之而起，人之陰氣起，而天之陰氣亦宜應之而起，其道一也。

（4）天爲人的祖，不可不模仿，其道有二。一爲政治組織。一爲倫理體系。政治組織載在官制象天篇，要在三起四終，三爲天數，天地人三而爲德，日月星三而爲光，寒暑和三而成物，三時爲功，三月爲時，故以三數。象君置三公，三公各置三卿，九卿各置三大夫，二十七大夫各置三士，凡百二十人，公卿大夫士爲四重，四亦象天，即一歲四變而成，就是四時。倫理體系，亦以天地爲法象。說道：「天有五行，木火土金水是也。木生火，火生土，土生金，金生水，水爲冬，金爲秋，土爲季夏，火爲夏，木爲春，春主生，夏主長，季夏主養，秋主收，冬主藏。是故父之所生，其子長之，父之所長，其子養之，父之所養，其子成之，父之所爲，其子皆奉承而續行之，故父授子受，乃天之道也。故曰：夫孝者天之經也，此之謂也。風雨者地之所爲，而萬物之所以吹澤，然不曰地風地雨，而曰天風地雨，此即勤勞在於地，名歸於天也。此非義不能人臣事上，如地之事天，則謂大忠，此曰地之義也。忠孝則於天，此理明矣。以之配五行，忠臣之行，孝子之義，歸於土之行，土者火之子也，土之於四時無所命者，不與火共功名，木名春，火名夏，金名秋，水名冬，土不與，故五行土爲最貴。忠臣之義，孝子之行，取之土。」

（二）性說　仲舒的說性，和告子的生之謂性說，差不多。乃抽象的，不可以善惡名狀。譬如繭，繭非絲，絲就是善，未成絲時只能稱爲繭，不能稱爲絲，因職工之巧拙，或得良絲，或得不良絲。人的性必由陶鑄而後可爲善可爲惡，如過當人所生時的性，而純任自然，那末亦無所謂善，無所謂惡。他說道：「民受未能善之性於天，而退受成性之教於王，王承天意，以成民之善性為任也。」又說道：「性比於禾，善比於米，米出禾中，而禾未可全為米也。善出性中，而性未可全為善也。」又說道：「名性不以上不以下，以其中名之。性如繭如卵，卵待覆而為雛，繭待繅而為絲，性待教而為善，此之謂眞天。」是仲舒的主張性善，要必待教而成，教要必待王而明，那是始終一貫的。

仲舒反對性善，他根據有二：一是孔子所說，一為天地的化生。他說道：「循三綱五紀，通八端之理，忠信為博愛，敦厚而好禮，乃可謂善，此聖人之善也。是故孔子曰：『善人吾不得而見之矣，得見有恆者斯可矣。』由是觀之，聖人之所謂善未易當也，非善於禽獸，則謂之善也。」可知孔子既說不見善人，那末人性還可說是善麼？人受天地的氣，茍無惡的成分，那末何以有不可思議的愚不肖呢？所以又說道：「人性有貪有仁，仁貪之氣兩在於身，身之名取諸天，天兩有陰陽之施，身亦兩有貪仁之性。」

仲舒的言論，未必十分深邃，無論說天說性，終難有獨到處。不過漢武帝的表章六經，確和仲舒的章奏極有關係。故對於儒學的提倡，不能算為無功。惟開後世蔑視異學的端緒，亦不能不說他局量的淺狹。

第二節　劉安

劉安爲淮南王，爲人好讀書鼓琴，不喜弋獵狗馬馳騁，嘗招致賓客數千人，後伍被自詣吏具告與淮南謀反，上使宗正以符節劾王，未至安自殺。高誘序說：「安辯達，善屬文，文帝爲從父，數上書，召見，文帝甚重之，使作離騷賦，旦受詔，午卽成，上愛而祕之。又際武帝好儒，頗爲隆重。安初獻內篇，帝愛祕之不出。天下方術之士多往歸之，於是與蘇飛李尙左吳田由雷被伍被晉昌等八人，及諸儒大山小山之徒，共講論道德，總統仁義，著書二十一篇，題曰鴻烈，鴻、大也，烈、明也，言明大道也。」後劉向名書爲淮南子，有內外二篇，漢書藝文志稱內二十一篇，外三十三篇，內篇論道，外篇雜說。

淮南子雜駁不純，凡從前一切學說，無不收集，不黜老，不偏孔，容韓取莊，有天人感應說，有非鬼論，他說：「覩堯之道，乃知天下之輕也。觀禹之志，乃知天下之細也。原壺子之論，乃知死生之齊也。見子求之行，乃知變化之同也。」可見他思想的駁雜，所以揚雄說：「聖人將有取焉爾，必也儒乎，忽出忽入，淮南也。」又王宗沐說：「安鴻烈其說固曲學者流，毋能爲吾儒重。」不過儒家在子思以後，以性爲教學的中心。道家專講虛無，專說絕對，不以性爲教學的中心。只有淮南子一面論道，論絕對，如老子派。一面又以性爲教學的中心，由性而達於絕對地位。後來道家高唱神仙的大道，和長生不死的大道，就是根據淮南子的觀念。

（一）性道說　淮南子爲結合萬物的基礎，說道：「夫道有經紀條貫，得一之道，連千枝萬葉。」又說：「執道要之柄，而遊於無窮之地。」不過道是靜的虛的，所以人性亦是靜的虛的。說道：「人生而靜，天之性也；感而後動，性之害也；物至而神應，知之動也。」又說：「淸淨恬愉，人之性也。」人性本來靜虛，他的紊亂原因，就是知誘於外，和事物接觸時生好惡心，致和道相反。所以聖人不失本性。說道：「達於道者，不以人易天。」天就是性，他又以性爲一切行動的標準。說道：「夫乘舟而惑者，不知東西，見斗極則寤矣。夫性亦人之斗極也，以有自見也，則不失物之情，無以自見，則動而惑營。」他又以人性爲善，說道：「人之性無邪，久湛於俗則易，易而忘本，合於若性。故日月欲明，浮雲蓋之；河水欲淸，沙石濊之；人性欲平，嗜欲害之。」又說：「率性而行謂之道。」這和中庸所說相同。至怎樣反其本性?說道:「省事之本,在於節欲,節欲之本,在於反性,反性之本。在於去載,去載則虛,虛則平,平者道之素也;虛者道之舍也。……能修其身者,必不忘其心;能原其心者,必不虧其性;能全其心者,必不惑於道。」

淮南子性善的根本思想怎樣?說道:「所謂爲善者,靜而無爲也。所謂爲不善者,躁而多欲也。適性辭餘,無所誘惑,循性保眞,無變於己。故曰:爲善易。越城郭,踰險塞,姦符節,盜管金,篡殺矯誣,非人之性也。故曰爲不善難。」又說:「是故聖人之學也,欲以返性於初而游心於虛也;達人之學也,欲以通性於遼廓而覺於寂漠也;若去俗世之學也則不然,擢德攓性,內愁五藏,外勞耳目。」可,知他說的性善,就是虛,就是靜。也可以說是儒家道家的折衷派。

(二)反仁義說　老子說:「大道廢有仁義。」莊子說:「及至聖人,蹩躠爲仁,踶跂爲義,而天下始疑矣。澶漫爲樂,摘僻爲禮,而天下始分矣。」淮南子的反仁義說頗相同。說道:

古之人同氣於天地,與一世而優游,當此之時,無慶賀之利,刑罰之威,禮義廉恥不設,毀譽仁鄙不立,而萬民莫相侵欺暴虐,猶在於混冥之中,逮至衰世,人衆財寡,事力勞而養不足,於是忿爭生，是以貴仁。仁鄙不齊，比周朋黨，設詐諝懷機械巧故之心而性失矣，是以貴義。陰陽之情，莫不有血氣之感，男女羣居雜處而無別，是以貴禮。性命之情，淫而相脅以不得已，則不和，是以貴樂。是故仁義禮樂者，可以救治，而非通治之至也。夫仁者所以救爭也，義者所以救失也，禮者所以救淫也，樂者所以救憂也。神明定於天下，而心反其初，心反其初而民性善，民性善而天地陰陽從而包之，則財足而人澹矣，貪鄙忿爭不得生焉，由此觀之，則仁義不用矣。道德定於天下，而民純樸，則目不營於色，耳不淫於聲，坐誹而歌謠，被髮而浮游，雖有毛嬙西施之色不知說也，掉羽武象不知樂也，淫泆無別不得生焉，由此觀之，禮樂不用也。是故德衰然後仁生，行沮然後義立，和失然後聲調，禮淫然後容飾。是故知神明然後知道德之不足爲也；知道德然後知仁義之不足行也；知仁義然後知禮樂之不足修也。

淮南子所說一切，總是要調和儒道二家的對立。但是一方面說性是虛靜，他方面又說性可率由，無論怎樣調和，總不免陷於矛盾，這是無可諱言的。

第三節　揚雄

揚雄字子雲，蜀郡成都人，少好學，博聞強記，目無不經，口吃不能劇談，安貧不干富貴，一室凝思，居諸蕭然。初慕司馬相如風，好詞賦，每作擬相如，悲屈原，作反離騷以弔之。年四十餘，入京師，屢上賦，敍給事黃門，時董賢專權，所附皆拔擢，雄獨不移官。乃擬周易作太玄，擬論語作法言，後王莽篡漢，雄爲大夫，作劇秦美新，以頌莽德，後世醜之。現將揚雄的學說列下。

（一）玄說　揚雄闡明現象界的本體，和現象界的進程；現象界進程，就是玄的作用；玄爲宇宙的本體，這是從老派的思想而來；不過說到現象活動的進程，這是易學的本能。周易繫辭傳有太極生兩儀說，有精氣爲物說，然太極未分陰陽，亦非本體；精氣究屬何物，亦未說明；不過決非自動的萬能的本體，可以明白。至雄所說的玄，確係自動的萬能的本體，以支配現象界，這就是老子道的觀念，和現象界法則的觀念相結合。

揚雄以玄爲開發宇宙之原動力，說道：

假哉天地，嗗函啓化，罔裕於玄。

又以玄爲精靈的，說道：

陽知陽而不知陰，陰知陰而不知陽，知陰知陽，知止知行，知晦知明者，其唯玄乎？

又述玄的司配一切。說道：

玄者，以衡量者也，高者下之，卑者舉之，饒者取之，罄者與之，明者定之，疑者提之。

又論玄之地位。說道：

近玄者玄亦近之，遠玄者玄亦遠之；譬若天，蒼蒼在於東面南面西面北面，仰而無不在焉，及其俛則不見也；天豈去人哉？人自去也。

又說道：

以見不見之形，抽不抽之緒，與萬物相連也。其上也懸天，下也淪淵，纖也入薉，廣也包畛。

又論天地人皆爲玄所生。說道：

玄一摹而得乎天，故謂之有天；再摹而得乎地，故謂之有地；三摹而得乎人，故謂之有人。

太玄文詞頗艱深，然雄的根本思深，不過如是。

（二）性說　揚子法言中，理學上所可取的，就是性說。從前孟子主性善，惡乃物欲所蔽。荀子主性惡，善爲聖賢所導。孔子主性相近習相遠。揚雄則不然，說道：「修身以爲弓，矯思以爲矢，立義以爲的，奠而後發，發必中矣。人之性也善惡混，修其善則爲善人，修其惡則爲惡人，氣也者，所適於善惡之馬也。」又以性不可不修，說道：「學者所以修性也，視聽言貌思性所有也，學則正，否則邪。」雄的說性和告子說：「性猶湍水，決東則東流，決西則西流」相同。韓愈曾駁斥，說道：「堯之朱，舜之均，文王之管蔡，習非不善也，而卒爲姦。瞽叟之舜，鯀之禹，習非不惡也，而卒爲聖人。人之性，善惡果混乎？」不過司馬光以爲「子雲所謂氣，卽孟子『志者氣之帥，氣者體之充』之氣，氣如所乘之馬，馬唯將帥之命是從，則御之不可不得其道。」愈和光固各有理由，然與雄的價値無足輕重。

第二章　後漢學術的經過

王莽篡漢，光武中興，上行下效，捷於影響。一讖緯說大興，二獎勵名節，因王莽時諂諛風盛，光武急欲矯正，是以訪求耆儒，卓茂擢爲太傅，延聘周黨嚴光等，待以殊禮，所以終後漢一世，淸節士人特多。此外繼承前漢的學術，如老莊學五行論訓詁學等。

前漢信奉老莊，後漢亦然，光武曾說：「吾治天下，亦欲以柔道行之。」又馬武上書請滅匈奴，帝告以黃石公記，說道：「柔能勝剛，弱能勝強。」又太子曾諫光武，說道：「陛下有禹湯之明，而失黃老養性之道。」又章帝末年，班超定西域，和帝時歸國，曾戒都護任尙，說道：「君性嚴急，水淸無大魚，宜蕩佚簡易。」又桓帝曾祀老子二次，又漢末鉅鹿張角奉事黃老，以符咒療病，號太平道人，遣弟子遊四方，十餘年間，徒衆有數十萬人。

五行有應用於易的，有應用於天命性道的；五行應用易，前漢已盛，沿至後漢，班固亦頗主張，如漢書律曆志「天以一生水，地以四生金，天以五生土。」鄭玄又說：「天止於五而地六成之。」不過鄭氏的易傳今已不傳。五行應用天命性道的，前漢有董仲舒毛公京房等，後漢班固亦頗主張，他所作白虎通，說道：「人本含六律五行氣而生，故內有五臟六腑，此情性之所由出入也。」又刑法志：「夫人肖天地之貌，懷五常之性，聰明精神，有生之最靈者也。」又白虎通：「人情有五性，懷五常，不能自成。」其後鄭玄作中庸註：「天以陰陽五行化生萬物，氣以成形，而理亦賦焉，猶命令也。於是人物之生，因各得其所賦之理，以爲健順五常之德，所謂性也。」因此而五行應用於天命性道說更覺完備。宋周敦頤作太極圖說：「五行之生，各一其性，無極之眞，二五之精，妙合而凝，乾道成男，坤道成女，二氣交感，化生萬物，萬物生生而變化無窮焉，惟人也得其秀而最靈。」這可說是五行說的集大成了。

後漢訓詁學家有名的，爲馬融和鄭玄。馬融和帝時人，爲經學大家，曾撰忠經註詩書易等。鄭玄爲融弟子，字康成，先師京兆第五元，通京氏易公羊春秋三統曆九章算術。又師東郡張恭祖受周官禮記左氏春秋韓詩古文尚書。復西入關，事馬融，在門下三年，辭歸，融歎道：「鄭生今去，吾道東矣。」鄭玄實通全經，能集前漢以來諸說之大成。讖緯說亦經他註釋的甚多。後魏王肅頗反對玄的學說，肅就是僞作孔子家語的，他所作序，說道：「鄭氏學行五十歲矣，自肅成童始志於學，而學鄭氏學矣？然尋文責實，考其上下義理不安，違錯者多，是以奪而易之。然世未明其款情，謂其苟駁前師，以見異於人。乃慨然而歎曰：予豈好難哉，予不得已也。」附記肅的言論，以備參考。

後漢時代最當注意的，就是佛教的傳來。在從前周時代，佛教已稍東漸，然以後漢明帝以後爲最盛，明帝得異夢，因遣人往天竺求佛法，得四十二章經，和印度二僧到中國。桓帝時，譯成無量清淨平等經般若三昧經阿閦佛經等二十一部六十三卷，後安息國僧安淸至雒陽，譯經三十九部，這就是大乘經的開始。稽古略說：「自永平至建安，緇素十二人，二百九十三部。」可見當時佛教的思潮，和儒家學術思想的融合。後漢末譯師輩出，佛教漸盛，譯經總共有三百餘部。

總之後漢時代，橫在思想界深底的，就是老莊和五行論。還有發見在表面的，就是訓詁學，和印度佛教。因政治的社會的變動，致震蕩人的心海，益形浮動而不可止。

第二章　魏晉南北朝隋學術的經過

魏晉以來，學風和思潮的經過，大都爲厭世的。他的淵源，實由於漢以來政治的社會的現象，就是外戚宦官黨錮權奸篡賊等禍患。繼以八王構釁，五胡亂華，南北分立，漢夷兩主，天下紛紛，致養成老莊厭世的觀念。魏王弼何晏等於老莊學徒，弄虛無恬澹的常談，以漠視人生。夏侯玄荀粲等競尚清談，亦主虛無，且以六經爲聖人的糟粕，因此一般士大夫爭相模倣，漫無禮法，世事一切置之度外，放言高論，全無顧慮，魏末的竹林七賢相會縱酒，不顧世事，就是當時的表演。魏亡晉繼，傅玄見士風頹靡而上疏，裴頠因俗尚虛無而著論，此外如杜預註左傳，張華著博物志，可說是當時絕無僅有的了。

傅玄疏　臣聞先王之御天下，教化隆於上，清議行於下；近者魏武好法術，而天下貴刑名；魏文慕通達，而天下賤守節。其後綱維不攝，放誕盈朝，遂使天下無復清議。陛下隆興受禪，弘堯舜之化，惟未舉清遠有禮之臣以敦風節；未退虛鄙之士以懲不恪，臣是以猶敢有言。

裴頠崇有論　夫盈欲可損而未可絕有也；過用可節而未可謂無貴也；蓋有講言之具，深列有形之故，盛稱空無之美；形器之故有徵，空無之義難檢，辯巧之文可悅，似象之言足惑，衆聽眩焉。……遂薄綜世之務，賤功烈之用。……是以立言貴其虛無，謂之玄妙；處官不親所司，謂之雅遠；奉身散其廉操，謂之曠達；故砥礪之風，彌以陵遲，放者因斯，或悖吉凶之禮，而忽容止之表，瀆棄長幼之序，混漫貴賤之級。……心非事也，而制事必由於心，然不可以制事以非事，謂心爲無也；匠非器也，而制器必須於匠，然不可以制器以非器，謂匠非有也。……

東晉偏安江左，人心厭世觀念更甚，虛無放達的言論，不足安慰他們；於是遺世獨立羽化登仙的思想因時而起。其間最出名的就是葛洪，洪字稚川，丹陽句容人，他的主張，就是隱居深山，呼吸天地清氣，養神錬丹，作不死之藥，訪求神仙，思入不老不死的境界。又說：「富貴利達有天命，得不足以爲榮，失不足以爲辱。」他的著作，爲神仙傳十卷，隱逸傳十卷，抱朴子二編，其他雜著一百餘卷。

漢末時佛教譯經，總稱三百餘部。至三國康居國沙門康僧會到建康感得舍利說孫建，建大爲感動，立建初寺，這就是江南佛教的開始。劉宋文帝時，迎跋摩到金陵，居祇洹寺，帝問道：「朕欲齋戒不殺，然以御天下，未能得志」。跋摩對道「帝王所修與匹夫異。匹夫身賤名微，言令不威，倘不克己苦節，何以濟用。帝王以四海爲家，兆民爲子，出一嘉言則士民咸悅，布一善政則神人以和，刑不夭命，役不勞力，則風雨應時，百穀滋茂，以此持齋，持齋亦大矣，以此不殺，不殺亦至矣，寧在輟半日之餐，全一禽之命，然後爲弘濟耶?」梁武帝尤好佛教，率羣臣道俗二萬人起菩提心，北魏主亦深達佛理，爲羣臣講維摩經，時洛陽沙門由西域來者三千餘人，州郡僧衆至二百餘萬。隋統一南北後，文帝隆興佛法，度僧號五十萬人，寫佛經四十六藏十三萬卷，造佛像六十萬餘，立寺塔五千餘，譯師二千餘人，譯經五百卷，當時佛教宗派，爲鳩摩羅什的三論宗和成實宗，曇無識的涅槃宗，光統的地論宗，曇鸞的淨土宗，達摩的禪宗，眞諦的攝論宗和俱舍宗，智顗的天台宗，當時惟魏太武和周武帝不信佛教，頗加摧殘，此外無有不信奉的，其故（一）由於人心喜新厭故，吾國學術思想，成爲老生常談，致佛教乘機而入。（二）魏晉清談，趨向玄理，佛教接近老莊，故流傳愈廣。（三）五胡十六國戰爭無已，厭世派日甚，皈依佛法僧的亦日多，故釋教流行無礙。至其他原因從略。

當時有主張儒佛一致的，爲晉孫綽。有主張道佛一致的，爲齊顧歡。有主張儒道一致的，爲齊譚峭。有主張儒佛道一致的，爲宋張融周顒，和梁武帝。有推崇三教而稍分差別的，爲隋李士謙，說道：「佛，日也。道，月也。儒，五星也。」有不黨道不偏儒不附老的，爲隋王通。說道：「三教於是可一矣。」王通字仲淹，河東龍門人，文帝時獻太平策十二條，不能用，遂家居講學，弟子甚衆。唐初開國名臣，如房玄齡杜如晦魏徵等多出其門。又倣六經作王氏六經，倣論語作中說，六經大都散失，中說恐係僞作。不過不能不說他是儒教的一大革命者。說道：

吾續書以存漢晉之實，續詩以辯六代之俗，修元經以斷南朝之疑，讚易道以申先師之旨，正禮樂以旌後王之失，如斯而已矣。

政猛寧若恩，法速寧若緩，獄繁寧若簡，臣主之際，其猜也寧信，執其中者，惟聖人乎？

或問佛，子曰：「聖人也。」曰：「其教何如？」子曰：「西方之教也，中國則泥，軒車不可以適越，冠冕不可以之胡，古之道也。」

或問長生神仙之道？子曰：「仁義不修，孝悌不立，奚爲長生，甚矣人之無厭也。」

詩書盛而秦世滅，非仲尼之罪也。虛玄長而晉室亂，非老莊之罪也。齋戒修而梁國亡，非釋迦之罪也。易不云乎？「苟非其人，道不虛行。」

他論三教最爲持平，比較以前諸子確是特出。

第四章　唐代學術的經過

唐有天下，高祖卽注意儒學，設學校以教導子弟，太宗卽位，置弘文館，聚書二十餘萬卷，增學生至二千二百六十八人，學生明一經卽得補官，當時日本高句麗新羅百濟高昌吐蕃都遣學生來學。又詔顏師古校正五經的謬誤，命孔穎達和諸儒定五經註疏，稱爲五經正義卽周易正義十卷，用晉王弼韓康伯注。尙書正義二十卷，用孔安國傳。毛詩正義二十卷，用毛亨傳鄭玄箋注。禮記正義六十三卷，用鄭玄注。春秋左傳正義六十卷，用杜預集解。從此以後，南北學派競爭漸息；衆說一定。

唐時儒佛老並重。因唐和老子同姓，特尊老君爲太上玄元皇帝。太宗又使玄奘至西域廣求大乘經論，歸後譯本甚多，佛教大盛。除前述的晉以來九宗外，又開新派。就是慧光的律宗，玄奘的法相宗，杜順的華嚴宗，善無畏金剛智的眞言宗四宗。後地論宗幷入華嚴宗，攝論宗幷入法相宗，共合爲十一宗。

唐代文教最盛，美術亦最發達，如韓柳的文，李杜的詩，褚歐顏柳的字，吳道子王摩詰的畫，皆是歷史上有聲價的。惟理學獨不發達。所可參考的，不過韓愈李翺二人，現記述於下。

第一節 韓愈

韓愈字退之，南陽人，曾官吏部侍郎，宋蘇軾曾稱道：「自東漢以來，道喪文弊，異端並起，歷唐貞觀開元之盛，輔以房杜姚宋而不能救；獨韓文公起布衣談笑而麾之，天下靡然從公，復歸於正，蓋三百年於此矣。文起八代之衰，而道濟天下之溺。忠犯人主之怒，而勇奪三軍之帥，豈非參天地，關盛衰，浩然而獨存者乎？」這種稱贊，可算佩服到五體投地。玆將韓愈的議論記下。

（一）正老佛說 愈作原道篇說：「老子之小仁義，非毀之也，其見者小也；坐井而觀天，曰：天小者，非天小也，彼以煦煦爲仁，孑孑爲義，其小之也則宜。其所謂道，道其所道，非吾所謂道也，其所謂德，德其所德，非吾所謂德也。凡吾所謂道德云者，合仁與義言之也。天下之公言也。老子之所謂道德云者，去仁與義言之也，一人之私言也。」「今其法曰：必棄而君臣，去而父子，禁而相生相養之道，以求其所謂淸淨寂滅者。嗚呼！其亦幸而出於三代之後，不見黜於禹湯文武周公孔子也。」「今其言曰：曷不爲太古之無事；是亦責冬之裘者，曰曷不爲葛之之易也，責饑之食者，曰：曷不爲飮之之易也。」曰：「不塞不流，不止不行，人其人，火其書，廬其居，明先王之道以道之，鰥寡孤獨廢疾者有養也。其亦庶乎其可也。」又諫迎佛骨表說「伏以佛者夷狄之一法耳；自後漢流入中國，上古未嘗有也。昔者黃帝在位百年，穆王在位百年，此時佛法亦未入中國，非因事佛而致然也。漢明帝時始有佛法，明帝在位纔十八年耳，其後亂亡相繼，運祚不長，宋齊梁陳元魏以下，事佛漸謹，年代尤促，惟梁武帝在位四十八年，前後三度捨身施佛，宗廟之祭，不用牲牢，晝日食止於菜果，其後竟爲侯景所滅，餓死臺城，國亦尋滅，事佛求福，乃更得禍。由此觀之，佛不足事，亦可知矣。」看了以上的議論，韓愈的排斥老佛，可算用盡心力，不過佛家的眞正學說，他卻未曾研究得到。

附唐高祖時傅奕上疏請除佛法以作參考。說道：「佛在西域，言妖路遠，漢譯胡書，恣其假託，使不忠不孝，削髮而揖君親，游手游食，易服以逃租賦，僞啓三途，謬張六道，遂使愚迷，妄求功德，不憚科禁，輕犯憲章，且生死夭壽，由於自然，刑德威福，關之人主，貧富貴賤，功業所招，而愚僧矯詐，皆云由佛，竊人主之權，擅造化之力，其爲害政，良可悲矣。自漢以前，初無佛法，君明臣忠，祚長年久，自立胡神，羌戎亂華，主庸臣佞，政虐祚短，梁武齊襄，足爲明鏡……」

（二）道說　愈作原道篇說：「博愛之謂仁，行而宜之之謂義，由是而之焉之謂道，足乎己無待於外之謂德。仁與義爲定名，道與德爲虛位，故道有君子小人，而德有凶有吉。」「古之時人之害多矣，有聖人者立，然後教之以相生相養之道，爲之君，爲之師，驅其蟲蛇禽獸而處之中土，寒然後爲之衣，饑然後爲之食，木處而顛，土處而病也，然後爲之宮室，爲之工以贍其器用，爲之賈以通其有無，爲之醫藥以濟其夭死，爲之葬埋祭祀以長其恩愛，爲之禮以次其先後，爲之樂以宣其湮鬱，爲之政以率其怠倦，爲之刑以鋤其強梗，相欺也爲之符璽斗斛權衡以信之，相奪也爲之城郭甲兵以守之，害至而爲之備，患生而爲之防。」「夫所謂先王之教者何也？博愛之謂仁，……其文詩書易春秋，其法禮樂刑政，其民士農工賈，其位君臣父子師友賓主昆弟夫婦，其服麻絲，其居宮室，其食粟米果蔬魚肉，其爲道易明，而其爲教易行也。是故以之爲己則順而祥，以之爲人則愛而公，以之爲心則和而平，以之爲天下國家無所處而不當，是故生則得其情，死則盡其常，郊焉而天神假，廟焉而神鬼享，曰：

斯道也，何道也？曰：斯吾所謂道也，非向所謂老與佛之道也。堯以是傳之舜，舜以是傳之禹，禹以是傳之湯，湯以是傳之文武周公，文武周公傳之孔子，孔子傳之孟軻，軻之死不得其傳焉。荀與楊也擇焉而不精，語焉而不詳。」韓愈所講的道是常道；是專對老佛而說的道；難道儒家相傳中庸的道，不過如此麼？

（三）性說　性三品說，不始於韓愈而愈尤詳，說道：「性也者與生俱生也，情也者接於物而生也。性之品有三，而其所以爲性者五。情之品有三，而其所以爲情者七。曰：何也？性之品有上中下三，上焉者善焉而已矣，中焉者可導而上下也，下焉者惡焉而已矣。其所以爲性者五，曰仁，曰禮，曰信，曰義，曰智，上焉者之於五也，主於一而行之四，中焉者之於五也，一不少有焉，則少反焉，其於四也混，下焉者之於五也，反於一而悖於四。性之於情視其品。情之品有上中下三，其所以爲情者七，曰喜，曰怒，曰哀，曰懼，曰愛，曰惡，曰欲，上焉者之於七也，動而處中，中焉者之於七也，有所甚，有所亡，然而求合其中者也，下焉者之於七也，亡與甚直情而行者也。情之於性視其品。」韓愈說性確能面面俱到，不過稍涉膚淺，不成其爲學理。

第二節　李翺

李翺字習之，憲宗時爲國子博士修撰。曾從韓愈學爲文，韓愈論性膚淺且不統一，又把性與情分別爲二致不能明白二者的關係。李翺講性與情的關係，又精密又明瞭，李翺的言論（一）性善，（二）性惡，（三）性的動爲情，這三種是他的根本思想。不過李翺復性書三篇中矛盾地方亦不少。譬如一方說：「情有善有不善。」一方又說：「情者妄也邪也。」今把他的根本思想列下。

他的思想以爲「性者清明者也，聖人與凡人無異，聖人如鏡之無塵，寂然不昧，物至而應之，事至而知之，無不動者。堯舜舉十六相非喜，放竄四凶非怒，中節而已。」李翺的觀念，和中庸所說：「不勉而中，不思而得，從容中道，聖人也」相近。中庸以誠爲天地的本體，人性亦當作誠看，李翺的言性，亦從中庸來的，說道：「清明之性，鑒於天地，非自外來也」不過他又較中庸進一步，就是直接引用孟子所說的性善，那就是把中庸和孟子聯合起來了。

他又以爲「以情蔽清明之性者爲凡人，情之於性，恰如雲之於月。」這種觀念，中庸恰未說到，好像佛家所說的「煩惱足以攪亂本性。」就是說人的淸明本性，爲情雲所蔽而不表現。

他又說情與性的關係，「無性則情無所生矣，是情由性而生，情不自情，因性而情，性不自性，由情而明，性者天之命也，聖人得之而不惑者也，情者性之動也，百姓溺之而不能，知其本者也，聖人者豈其無情耶？聖人者寂然不動，不言而神，不耀而光，制作參乎天地，變化合乎陰陽，雖有情也，未嘗有情也，然則百姓者豈其無性者耶，百姓之性，與聖人之性無差也，雖然情之所昏，交相攻伐，未始有窮，故雖終身而不能覩其性焉。」

他又說去邪以復本性的方法。「不思不慮則情不生，然不可失於靜，有靜必有動，有動必有靜，動靜不息，乃情也。當靜之時，知心無思者，是齋戒其心者也。知本無思，而動靜皆離，寂然不動者，是至靜也。」

李翺的性說，頗像佛家煩惱菩提的觀念。不過文中矛盾處甚多，且他的思想不可捉摸，論性到終了時，忽又說到心方面，就可見他思想的不確固。

第四編 近世理學史

第一章 宋代理學

有唐滅亡，五代梁唐晉漢周相繼，不七十年，同歸於盡。趙宋立國，理學勃興，推其原因，（一）對於訓詁的反動。從前漢唐兩朝訓詁的餘風，至唐依然存在，仁宗時宋郊等上奏道：「先策論，則文詞者，留心於治亂矣。……問大義，則執經者不專於記誦矣。……」對於當時的弱點，極立指出，可知對於訓詁的反動已播滿於當時的思想界，所以有學問的人物，如范仲淹歐陽修司馬光蘇軾王安石等，不專心致志於魯魚亥豕間，這是理學勃興的第一原因。（二）佛學的流行。五代以來，佛教禪宗最流行，因亂時人往往不能安心立命，而禪宗適以高尚精神，彌補闕失。宋興，仁宗好禪學，其他如歐陽修司馬光蘇氏父子張商英等亦然，而周敦頤又爲窮禪之客。禪宗不立文字主教的，觀性就是觀自己的精神，這種治心工夫，就是理學勃興的第二原因。（三）學者有一種豪邁的氣質。宋代學者往往自以爲是天下第一流人物，如邵雍曾說道：「仲尼後禹千五百餘年，今之後仲尼又千五百餘年，雖不敢比仲尼上贊堯舜，豈不敢比孟子上贊仲尼乎？」蘇東坡贊六一居士道：「歐陽子今之韓愈也。」程伊川爲明道作行狀道：「先生生於千四百年之後，得不傳之學於遺經。」這種氣風，就是理學勃興的第三原因。（四）理學的曙光發現。宋興八十年，有胡安定孫明復石守道三先生出，講明正學，師道自任，而安定尤能昌明正學，首先提倡教人以身作則，所定科條很細密，分經義和治事兩齋，經義齋所以明體，治事齋所以達用，後來人才輩出，因此而濂洛關閩諸儒相繼而興，這是理學勃興的第四原因。現將理學勃興的第一流人物列後。

第一節　周敦頤

周敦頤字茂叔，又號濂溪。景祐三年，充洪州分寧縣主簿，縣獄立決，後調南安軍司理參軍。洛人程珦，見他氣貌異於常人，且道高學粹，因和他友善，并令二子顥和頤就學於門。後又歷任桂陽南昌等縣，政聲大著，務以洗寃澤民爲自己的責任。因病歸，居廬山蓮花峯下，未幾卒，年五十七，所著有太極圖太極圖說通書等。

（一）太極圖說　敦頤說道：「無極而太極。太極動而生陽，動極而靜，靜而生陰，靜極復動，一動一靜，互爲其根，分陰分陽，兩儀立焉。陽變陰合而生水、火、木、金、土，五氣順布，四時行也。五行一陰陽也，陰陽一太極也，太極本無極也。五行之生，各一其性。無極之眞，二五之精，妙合而凝，乾道成男，坤道成女，二氣交感，化生萬物，萬物生生而變化無窮焉。惟人也得其秀而最靈，形既生矣，神發知矣，五性感動而善惡分，萬事出矣，聖人定之以中正仁義，主靜，立人極焉。故聖人與天地合其德，日月合其明，四時合其序，鬼神合其吉凶，君子修之吉，小人悖之凶。故曰：『立天之道，曰陰與陽；立地之道，曰柔與剛；立人之道，曰仁與義。』又曰『原始反終，故知死生之說。』大哉易也，斯其至矣。」他這種學問從那裏來的，朱震漢上易傳說道：「陳摶以太極圖授种放，放授穆修，修授周子。」晁公武讀書志以爲周子受學於潤州鶴林寺僧壽涯，傳其太極圖。陸梭山因太極圖說和通書不類，疑不是周子所作的，常與朱晦庵辯論不休。朱彝尊經義考說道：「夫太極一圖，遠本道書，圖南陳氏演之爲圖，爲四位五行；其中由下而上，初一曰：玄牝之門；次二曰：鍊精化氣，鍊氣化神；次三曰：五行定位，五氣朝元；次四曰：陰陽配合，取坎塡離；最上曰：鍊神還虛，復歸無極；故曰無極圖，乃方士修鍊之術。當時曾刊華山石壁，相傳圖南受之呂喦，喦受之鍾離權，權得其說於魏伯陽，伯陽聞其旨於河上公，在道家未嘗詡爲千聖不傳之祕。周子取而轉易之爲圖，亦四位五行；其中由上而下，最上曰：無極而太極；次二曰：陰陽配合，陽動陰靜；次三曰：五行定位，五行各一其性；次四曰：乾道成男，坤道成女；最下曰：化生萬物；更名之曰太極圖，仍不沒無極之旨。」從此看來，太極圖出於道家，而原於易教；所以周子就因此以明易。從古以來，最能說明宇宙和萬物所以發生的道理，沒有比太極圖說再好的了；更沒有比太極圖說再簡約的了；在他也不過推極陰陽消長的理由罷了。

（二）道德說　他主張性善。說道：「誠者聖人之本。『大哉乾元，萬物資始，』誠之源也。『乾道變化，各正性命，』誠斯立焉，純粹至善者也。故曰：『一陰一陽之謂道，繼之者善也，成之者性也』元亨誠之通；利貞誠之復。大哉易也！性命之源乎！」他的誠就是中庸的誠，包括天道人道而言。又說道：聖誠而已矣。誠五常之本，百行之原也。靜無而動有，至正而明達也；五常百行，非誠非也，邪暗塞也，故誠則無事矣，至易而行，難果而確，則無難焉。故曰：『一日克己復禮，天下歸仁焉。』可見不誠就無實理，能誠則實理全備，就是中庸所說『誠者不勉而中，不思而得，從容中道，聖人也』。又說道：「誠無爲；幾善惡。德愛曰仁，宜曰義，理曰禮，通曰智，守曰信。性焉安焉之謂聖；復焉執焉之謂賢；發微不可見充周不可窮之謂神。」仁義禮智信五常，爲人性所固有，發而中節是善，不中節是惡，所以說：「誠無爲幾善惡」又說道：「寂然不動者誠也；感而遂通者神也；動而未形有無之間者幾也。誠精故明；神應故妙；幾微故幽；誠神幾曰聖人。」他形容聖人的德，爲誠神幾三種，這語氣是從易得來。又說道：「動而正曰道；用而和曰德；匪仁，匪義，匪禮，匪智，匪信，悉邪也；邪動辱也，甚焉害也；故君子慎動。」又說道「聖人之道，仁義中正而已矣。守之貴，行之利，廓之配天地，豈不易簡，豈爲難知，不守不行不廓耳。」這和太極圖說：「聖人定之以中正仁義而主靜，立人極焉」相合。又說道：「洪範曰『思曰睿，睿作聖』。無思本也；思通用也；幾動於彼，誠動於此；無思而無不通爲聖人。不思則不能通微；不睿則不能無不通；是則無不通生於通微；通微生於思；故思者聖功之本，而吉凶之幾也。」由思到無思的地位，無思就合於誠，故又說：「士希賢；賢希聖；聖希天。」希賢希聖，亦是思的動作，所以思爲聖功的根本。又或問：「聖可學乎？」曰：「可。」曰：「有要乎？」曰：「有。」請聞焉，」曰：「一爲要，一者無欲也，無欲則靜虛動直；靜虛則明，明則通，動直則公，公則溥；明、通、公、溥，庶矣乎？」朱子解釋道：「一卽所謂太極；靜虛卽陰靜；動直卽陽動；明、通、公、溥便是五行。」靜虛無欲，頗近釋老，今爲儒者修養的根本，因他本爲窮禪客，儒中帶禪，是不消說的。

（三）政治說　政治以修身爲根基。他說道：「十室之邑，人人提耳而教且不及，況天下之廣，兆民之衆哉？曰：純其心而已矣。仁義禮智四者，動靜言貌視聽無違之謂純；心純則賢才輔，賢才輔則天下治，純心要矣，用賢急焉。」又說道：「天以陽生萬物，以陰成萬物。生，仁也；成，義也。故聖人在上，以仁育萬物，以義正萬民。天道行而萬物順；聖德修而萬民化；大順大化，不見其迹，莫知其然，謂之神。故天下之衆，本在一人，道豈遠乎哉？術豈多乎哉？」又說道：「天以春生萬物，以秋止之，物生不止則有恐，故得秋以成。聖人法天，以政養萬民，以刑肅之，民欲動情勝，利害相攻，不止則賊滅而無倫，故得刑以治之。」又主張制禮樂以化醇萬民。說道：「古者聖王制禮樂而修教化，三綱正，九疇敍，百姓大和，萬物咸順，乃作樂以宣八風之氣，以平天下之情，故樂聲淡而不傷，和而不淫，入於其耳，不感其心，淡且和也，淡則欲心平，和則躁心釋，優柔平中，德之盛也，天下化中，治之至也，是謂道配天地。」

總之開宋儒的理學，就是這太極圖說，因「無極而太極一語，」最能啓發人的思想，所以學者多信服他。

第二節　邵雍

邵雍字堯夫，少時有大志。後歷遊吳楚齊魯梁晉而歸。李子才授以圖書先天象數圖，很多心得。略出仕，卽託疾不出。治平間堯夫在天津橋上散步，聞杜鵑聲，歎道：「不二年南人入而爲相，天下多事矣。」人問其故，說道：「天氣治時，地氣由北而南，亂時由南而北，洛陽舊無杜鵑，今始至此，南方之地氣至也，禽鳥飛類，得氣之先者也。」及安石入相，他話果驗，他在洛三十年，住很簡陋，接人不分貴賤，人都樂就他。以學自任，說道：「雖不敢比仲尼上贊堯舜，豈不敢比孟子上贊仲尼乎？」又說道：「人惜仲尼無土，吾以爲仲尼以萬世爲土，不以州域爲土。」亦可以知道他的學問程度。他將死，對司馬光說道：「試與觀化。」卒諡康節，張載、程顥、程頤等皆相交。著書有皇極經世書十二篇，以天地的理，測度人世所以名爲觀物。十二篇外有觀物外篇二篇，乃門人手錄。此外有先天圖、漁樵問答、無名公傳、伊川擊壤集等。他的理學可於先天圖觀物內外篇去求。他不反對老莊，和一般宋儒不同。不過很排斥佛氏，他的圖書先天象數學，是由陳摶种放穆修李之才遞嬗而來。茲列舉於下。

（一）先天學　他的學說，近於先天唯心論。說道：「先天學，心法也。圖皆從中起，萬化萬事生於心也。」又說道：「心爲太極。」又解釋太極道：「太極不動，性也。發則神，神則數，數則象，象則器，器之變。復歸於神也。」堯夫以爲一切的法則，皆從吾心出，故宇宙的法則，就是我心的法則，把一切的法則約略說起來，就是易繫辭所說「易有太極，是生兩儀，兩儀生四象，四象生八卦。」這很可作參考。不過就論理的觀念講，當然有時間的前後。所以他說道：「萬物各有太極兩儀四象八卦之次，亦有古今之象。」和太極相應的有道；和兩儀相應的有陰陽；和四象相應的有現象界。換句話講，就是現象中有陰陽，陰陽中有道，道是目不能見耳不能聽的。他說道：「道無形行之則見於事矣，如道路之道坦然，使千億萬年行之人知其歸也。」又說道：「無極之前，陰含陽也。有象之後，陽分陰也。」陰陽就是道，牠的關係怎樣？說道：「如其必欲知仲尼之所以爲仲尼，則舍天地將奚之焉？人皆知天地之爲天地，不知天地之所以爲天地，如其必欲知天地之所以爲天地，則舍動靜將奚之焉？夫一動一靜者，天地至妙者歟！夫一動一靜之間者，天地之至妙者歟！是故知仲尼之所以能盡三才之道者，謂其行無轍迹也；故有言曰：『予欲無言。』又曰：『天何言哉？四時行焉，百物生焉。』其斯之謂歟？」

（二）經世論　堯夫以現象界應四象，故現象由四數司配；因此對於世間萬事，皆主張以四數行的。說道：「善化天下者止於盡道，善教天下者止於盡德，善勸天下者止於盡功，善率天下者止於盡力；以道德功力爲化者謂皇，以道德功力爲教者謂帝，以道德功力爲勸者謂王，以道德功力爲率者謂伯；以化教勸率爲道者謂易，以化教勸率爲德者謂書，以化教勸率爲功者謂詩，以化教勸率爲力者謂春秋。」「易詩書春秋爲聖人之經。天之時不差則歲功成，聖經不差則君德成。天有常時，聖有常經，行之正時則正，行之邪時則邪；邪正由於人而不由於天，不可不謹也。」「然有人力不及自然之變遷，堯舜禹湯雖其心則一，而其迹自異，堯讓於舜以德，舜讓於禹以功，以德爲帝，以功亦爲帝，然下德一等時則入於功。湯伐桀以放，武伐紂以殺，以放爲王，以殺亦爲王，然下放一等時則入於殺。故時有消長，事有因革，前聖後聖非出於一途也。」「三皇爲春，五帝爲夏，三王爲秋，五伯爲冬。」更進一步說道：「七國爲冬之餘洌。漢於王不足；晉於伯有餘；三國爲伯之雄者；十六國爲國之叢者；南五代爲伯之借而乘者；北五代爲伯之傳舍者；隋爲晉之子；唐爲漢之弟；隋季諸郡之伯，爲江漢之餘波；唐季諸鎭之伯，爲日月之餘光；後五代之伯，爲日未出之星。」他又以累積法發表因革的意見，說道：「因而因者長而長，爲千世之事業；因而革者長而消，爲百世之事業；革而因者消而長，爲十世之事業；革而革者消而消，爲一世之事業；此卽三皇五帝三王五伯之道。若夫可因而因，可革而革，爲萬世之事業，孔子之事也。孔子曰『殷因於夏禮，所損益可知也；周因於殷禮，所損益可知也；其或繼周者，雖百世可知也。』然因時而進，不止百世，雖億萬世可知也。」

（三）性說　堯夫講性，亦主性善。說道：「性者道之形體也，性傷則道亦從之矣；心者性之郛郭也，心傷則性亦從之矣；物者身之舟車也，物傷則身亦從之矣。」又說道：「性者道之形體也，道妙而無形，性則仁義禮智具而體著矣。」這就是說性中具有仁義禮智，爲性善說。又論性和情的區別。「以物觀物，性也；以我觀物，情也；性公而明，情偏而暗。」又說道：「任我則情，情則蔽，蔽則昏矣；因物則性，性則神，神則明矣；潛天潛地，不行而至，不爲陰陽所攝者神也。」這就是程明道廓然大公物來順應的意思。性無我，自能全性，幷能處事。故說道：「心一而不分，則能應萬變；此君子所以虛心而不動也。」

又劉絢問無爲，「堯夫說道：『時然後言，人不厭其言；樂然後笑，人不厭其笑；義然後取，人不厭其取；』此所謂無爲也。」又論爲學修身的重要說道：「君子之學以潤身爲本其治人應物皆餘事也。」又說道：「人必內重，內重則外輕；苟內輕，必外重；好名好利，無所不至。」又說學者的極功道：「學不至於樂，不可謂之學。」又道：「學不際天人，不足以謂之學。」他的見解極高，所以言論能超然自得。

第三節　張載

張載字子厚，大梁人，少時喜談兵。年十八上書謁范仲淹，喜說道：「儒者自有名教可樂，何事於兵。」卽勸他讀中庸，讀後還不足，遂讀釋老等書，亦無所得，乃反求之六經。嘉祐初，到京師，見程明道兄弟，說到道學的重要，乃了解道：「吾道自足，何事旁求。」於是盡棄異學。他原講易，對學者道：「今二程兄弟深明易道，可往師之，吾不及也。」卽停講。熙寧初，神宗召見，問治道，對以復三代。時王安石行新法，他不以爲善，託疾歸，終日獨坐，且讀且思，心有所得，雖中夜必起書。說道：『吾學既得諸心，乃修其辭命，命辭無失，然後斷事，吾乃沛然。』又告學者道：「學必如聖人而後已。知人而不知天，求爲賢人而不求爲聖人，此秦漢以來之大蔽也。」他的學問以易爲宗；以中庸爲的；以禮爲體；以孔孟爲極。他深信周禮必可行於後世。說道：「仁政必自經界始。經界不正，卽貧富不均，教養無法，雖欲爲治，牽架而已。」將與學者買田一方，畫爲數井，以研究三代遺法，未成而卒。所著有正蒙經學理窟易說語錄西銘東銘等。

程子說道：「世學膠固不通，故張子立太虛一大以激勵之。」因子厚極有影響於宋初學風，而在程子等上。且他能發見老佛缺點，所以他排斥老子的虛無論，及釋氏的見病論。

（一）太虛論　橫渠的根本主義爲太虛，太虛就是氣，那個蒼蒼焉茫茫焉的都是氣；故太虛爲實在者。不過太虛應從兩方面看，從自動的方面看時，他的中間有活動性，稱爲太和。從本性方面看時，其德爲虛明。太虛凝聚的時候，就是物。故萬物爲太虛所變化的客形，而本體就是太虛。萬物分散，則仍復歸於本體的太虛。至中間有活動性，就是陰陽屈伸相感的性。研究這理就是易。易非本體論，乃專論法則的；所以聖人的書，「無嘗說有無者。」惟萬物從陰陽的原則而生，從未有兩物相同的，且一物亦有陰陽左右。故說道：「天下之物，無兩個有相似者。」這和德國哲學家賴勃尼志（Le-ipnir 1646－1716）取兩葉細看，無相同處，極似。茲將橫渠的原說錄下。

太和所謂道，中涵浮沈升降相感之性，是生絪縕相盪勝負屈伸之始，其來也幾微易簡，其究也廣大堅固。起知於易者乾乎？效法於簡者坤乎？散殊而可象爲氣，清通而不可象爲神，不如野馬絪縕不足謂之太和。

氣坱然太虛，升降飛揚，未嘗止息；易所謂絪縕，莊生所謂生物以息相吹野馬者與？此虛實動靜之機，陰陽剛柔之始，浮而上者陽之清，降而下者陰之濁，其感遇聚散爲風雨，爲雪霜，萬品之流形，山川之融結，糟粕煨燼，無非散也。

太虛無形，氣之本體，其聚其散，變化之客形爾。至靜無感，性之淵源，有識有知，物交之客感爾。客感客形與無感無形，惟盡性者能一之。

天地之氣，雖聚散攻取百塗，然其爲理也順而不妄。氣之爲物，散入無形，適得吾體，聚爲有象，不失吾常。太虛不能無氣；氣不能不聚而爲萬物；萬物不能不散而爲太虛；循是出入，是皆不得已而然也；然則聖人盡道其間，兼體而不累者，存神其至矣；彼語寂滅者往而不反，徇生執有者物而不化，二者雖有間矣，以言夫失道則均焉；聚亦吾體，散亦吾體，知死之不止者，可與言性矣。

知虛空卽氣，則有無隱顯，神化性命，通一無二，顧聚散出入形不形，能推本所從來，則深於易者也。若謂虛能生氣，則虛無窮，氣有限，體用殊絕，入老氏有生於無自然之論；不識所謂有無混一之常；若謂萬象爲太虛中所見之物，則物與虛不相資，形自形，性自性，形性天人不相待而有陷於浮屠以山河大地爲見病之說；此道不明，正由懵者略知體虛空爲性，不知本天道爲用，反以人見之小因緣天地，明有不盡則誣世界乾坤爲幻化，幽明不能舉其要，遂躐等妄意而然；不晤一陰一陽，範圍天地，通乎晝夜，三極太中之舉，遂使儒佛老莊混然一途，語天道性命者不罔於恍惚夢幻，則定以有生於無，爲窮高極微之論，入德之途，不知擇而求，多見其蔽於詖而陷於淫矣。

氣之聚散於太虛，猶冰凝釋於水。知太虛卽氣，則無無，故聖人語性與天道之極，盡於參伍之神，變易而已。諸子淺妄，有有無之分，非窮理之學也。

由太虛有天之名；由氣化有道之名；合虛與氣有性之名；合性與知覺有心之名。

橫渠解釋鬼神，和「鬼者歸也；神者伸也；氣之伸者爲神；氣之屈者爲鬼」「人死，肉歸於土，血歸於水，骨歸於石，魂升於天。」等話略同。說道：「鬼神者，二氣之良能也。聖者至神得天之謂。神者太虛妙應之目。凡天地法象皆神化糟粕爾。天道不窮，寒暑已。衆動不窮，屈伸已。鬼神之實，不越二端而已矣。」又道「鬼神往來屈伸之義。故天曰神；地曰示人曰鬼。」可知鬼神就是陰陽二氣。古人注重祭祀，正因見陰陽造化神妙無窮的緣故。

橫渠的世界觀，爲一元的；和萬物互相貫通。他所假定的以太虛爲本體；本體在空間內，故爲一元的而其立腳地爲經驗的。故非形而上的，爲形而下的。所以他爲純粹的模範的唯物論者。

（二）性說　橫渠立一元的世界觀，以太虛爲其根本主義。一切萬物皆是太虛的客形。人亦是太虛凝聚的。太虛的性爲虛明，故人的性亦虛明，這是本然的。惟太虛凝聚的時候，有清有濁，故各人的氣質，亦不能相同。橫渠又以虛附帶弘大之意義。說道：「天地以虛爲德。虛卽至善，而爲仁所發。忠恕與仁俱發者。而禮義爲仁之用。」各人的氣質，由氣的清濁而成。故如草木亦有氣質，惟不能均齊。而教育的重要，就能變化氣質。氣質有分別，就有我的所以然。氣質變卻的時候，就非我；非我就與天同一。太虛凝聚而成人，故人的本性爲虛明。雖然人有知有識，這不過人與物相接觸的關係。

橫渠關於心的見解，說道：「合性與知覺有心之名。」「心說性情者也。」「太虛者心之實也。」他以心爲太虛所凝聚，觸物而生知覺。說道：「人本無心，因物爲心。」又說道：「不可以聞見爲心，若以聞見爲心時，天下之物一一不可聞見，畢竟心爲小者。如心合於太虛，心既虛時則公平，公平時是非較然可見，可爲不可爲之事可自知也。」因爲太虛含蓄一切的理，故人心虛明時，太虛的理法歷歷可見。

橫渠關於禮的見解，說道：「一切萬物之生成，有一定之秩序，此卽禮也。故禮卽道也。道爲太虛中所含蓄者；由是觀之，禮非出於人而出於天者；出於天者是決不可變；在天爲天序天秩；在人爲尊卑長幼；守之卽所以守禮；惟太虛爲物之性，故守禮卽所以持性；持性卽所以反本。故未成性之時，須以禮守之。」茲將橫渠說性的話錄下。

形而後有氣質之性，善反之則天地之性存焉，故氣質之性，君子有弗性者焉。蓋天命之所流行，賦與萬物而純粹至善者，曰天地之性。氣聚成形，其氣有純駁偏正之異者，曰氣質之性。若能變化氣質，則天地不失其初，而能復於本然之善矣。然本然之性，非離氣質而別存；氣質之性，亦非純出於惡；惟氣質有所雜糅，故不能一於善耳。學者當變化其氣質之惡以進於善，又當充其所謂善者焉。故曰：人之剛柔緩急有才與不才，氣之偏也；天本參和不偏，養其氣反之本而不偏，則盡性而天矣；性未成則善惡混，故亹亹而繼善者斯爲善矣；惡盡去則善因以亡，故舍曰善，而曰成之者性。

湛一氣之本。攻取氣之欲。口腹於飲食，鼻舌於臭味，皆攻取之性也。知德者屬厭而已，不以嗜欲累其心，不以小害大，不以末喪本焉爾。

德不勝氣，性命於氣。德勝其氣，性命於德。窮理盡性，則性天德命天理，氣之不可變者，獨死生修夭而已。故論死生則曰有命，以言其氣也。語富貴則曰在天，以言其理也。此大德之所以必受命；易簡理得而成位乎天地之中也。

爲學大益在自能變化氣質，不爾卒無所發明，不得見聖人之奧。故學者先須變化氣質，變化氣質，與虛心相表裏。

變化氣質，孟子曰：「居移氣，養移體，況居天下之廣居者乎？」居仁由義，自然心和而體正，更要約時，但拂去舊日所爲，使動作皆中禮，則氣質自然全好。禮曰：「心廣體胖。」心旣弘大，自然舒大而樂也。若心但能弘大，不謹敬則不立。若但能謹敬，而心不弘大則入於隘。須寬而敬，大抵有諸中者必形諸外，故君子心和則氣和；心正則氣正；其始也固亦須矜持古之爲冠者以重其首；爲履者以重其足；至於盤盂几杖爲銘，皆以愼戒之。

橫渠以太虛爲根本主義，解釋宇宙一切現象；幷以禮立修身基礎，以復性之虛明；希望和太虛混同一體。思想明白，絕少矛盾，是不可多得的。

第四節　程顥

程顥字伯淳，河南人，十五歲時同弟頤就周茂叔而問學，慨然有求道的志願。中進士後爲晉城令，告民以孝弟忠信，各鄉皆設學校，十餘年野陋的晉城有衣儒服的數百人。神宗召見，對道：「人主當防未萌之欲。」時王安石爲相，顥曾赴中堂議事，安石正發怒，顥說道：「天下事非一家私議，願公平氣以聽。」卒後，文彥博題其墓稱明道先生。著作獨語錄一書載其學說，現尙有二程全書，明道嘗說道：「異日能使師道尊嚴者，吾弟也。」伊川亦說道：「我昔爲明道先生行狀，我道蓋與明道同，異時欲知我者，求之此文可也。」

宋代學術勃興，然能得孔子眞意的，惟程明道。伊川作明道行狀，說道：「先生生千四百年之後，得不傳之學於遺經。」又說道：「先生爲學自十五六時，聞汝南周茂叔論道，遂厭科擧之業，慨然有求道之志，未知其要，泛濫於諸家，出入於老釋者幾十歲，返求諸六經而後得之。」明道學問根柢，於易最深，說道：「聖人用意深處，全在繫辭。詩書乃格言。」又說道：「『生生之謂易，』是天之所以爲道也。天只是以生爲道，繼此生理者只是善，便有一箇元的意思。『元者善之長，』萬物皆有春意，便是『繼之者善也，成之者性也，』成卻待萬物自成，其性須得。」又以元爲元氣，卽是善。說道：「『一陰一陽之謂道，』自然之道也。『繼之者善也，』有道則有用。『元者善之長也，』成之者卻只是性，各正性命也。故曰：『仁者見之謂之仁，智者見之謂之智。』」又說道：「仁者體也。義者用也。」以仁爲萬物的本性，卽此可見。

（一）宇宙論　明道的宇宙雖從易得來，不過從未用過太極二字，但以乾元氣爲宇宙的根本。說道：「天地之大德曰生。天地絪縕，萬物化醇。」不過陰陽二氣須相待而成；故又說道：「獨陰不成。獨陽不生。」「地氣不上騰，則天氣不下降。天氣降至地，地中生物皆天氣。惟無成代有終者地道。」「萬物本於天。」「萬物成形於地。」所以明道的宇宙萬物發生說，可稱他爲乾元一氣說。無論人類禽獸草木，都是乾元一氣所生。不過二氣交感有偏正的差別。他說道：「人與物，但氣有偏正，得陰陽之變者爲鳥、獸、草、木、夷、狄；受正氣者爲人。」「天地間非獨人爲至靈，自家心便是草、木、鳥、獸之心；但人受天地之中以生。」明道以宇宙萬物，皆陰陽二氣所生，而二氣的形迹互相對待。說道：「天地萬物，無獨有待，皆自然而然。」又說道：「萬物莫不有對，一陰一陽，一善一惡，陽長則陰消，善增則惡減。」又說道：「事有善有惡，皆天地也；天地中物須有善惡；蓋物之不齊，物之情也；但當察之，不可自入於惡，流爲一物。」又說道：「天下善惡皆天理；謂之惡者非本惡，但或過或不及，便如此，如楊墨之類。」又說：「橫渠立清虛一大爲萬物之源，有所未安，須兼清濁虛實，乃可言神也。」明道所講的善惡，是從過、不及而來，是互相對待的。因世界上有善有惡，如小、大、厚、薄、長、短、清、濁等，皆是對待的；倘強爲齊同，是違背天理，誤解宇宙的眞相，乃吾人所當注意的。

（二）性說　明道說：「生之謂性，性卽氣，氣卽性，生之謂也。」明道以爲萬物都受乾元一氣而生，有生都有氣，受氣都有性。人性雖較萬物爲善，然仍是相對的善。人類萬物的善惡本來不齊，乃宇宙的眞相。故不說性有淸虛絕對的性。「人生氣稟，理有善惡，然不是性中元有此兩物相對而生也，有自幼而善，有自幼而惡，是氣稟然也。」宇宙的眞相就是理；善就是中節，惡就是過不及；無善則無惡，無惡則無善，不是二物；與揚雄性善惡混說不同。「善固性也，然惡亦不可不謂之性也。」人受氣卽有性，故善惡皆是性。這話明道最易受人攻擊。「蓋生之謂性，人生而靜以上不容說，纔說性時，便已不是性也。凡人說性，只是說繼之者善也。孟子言人性善是也。」人生而靜，善與惡皆無從說起。明道說性卽氣，氣卽性，乃氣質之性，未說到本然之性，故可言善惡。易說：「繼之者善，」孟子說人性善，皆是此類。「夫所謂繼之者善也，猶水流而就下也，皆水也，有流而至海，終無所汚，此何煩人力之爲也；有流而未遠，固已漸濁；有出而甚遠，方有所濁；有濁之多者，有濁之少者，淸濁雖不同，然不可以濁者不爲水也。如此則人不可以不加澄治之功；故用力敏勇則疾淸，用力緩怠則遲淸；及其淸也，則卻只是元初水也，亦不是將清來換卻濁，亦不是取出濁來置在一隅也；水之清則性善之謂也，固不是善與惡在性中為兩物相對各自出來此理天命也順而循之，則道也；循此而修之，各得其分，則教也。」這單以下流水作譬喻，以表明善惡發動的不同。和孟子所說「人性之善也，猶水之就下也。」不可作一樣解釋。且善惡均非絕對的，是相對的，和水一樣，濁的仍可以使清；水濁復清，只須澄治；性惡復善，只須循修；天命和道教皆不可忽略。

明道和橫渠論定性功夫，說道：「所謂定者，動亦定，靜亦定；無將迎，無內外；苟以外物為外，牽己從之，是以己性為有內外；且以己性為隨物於外，則當其在外時，何者為在內，是有意絕外誘，不知性無內外也；既以內外為二本，則又惡可遽語定哉？夫天地之常，以其心普萬物而無心。聖人之常，以其情順萬物而無情。故君子之學，莫若廓然而大公，物來而順應。」明道說性無內外，是能超越客觀主觀，而為絕對的。定性無動靜，廓然大公，物來順應，他的度量可見了。

明道以為仁就是元氣，就是性，是絕對的。不過性是從元氣靜的方面看；仁是從元氣動的方面看；說道：「仁者渾然與物同體，義、禮、智、信皆仁也。」又以醫為譬喻，「醫書以手足痿痹為不仁，此言最善名狀；仁者以天地萬物爲一體，莫非己也；手足不仁時，身體之氣不貫，不屬於己；故博施濟衆，爲聖人之功用。」仁與宇宙一貫，有絕對的意，說道：「若夫至仁，則天地爲一身；而天地之間，品物萬形，爲四肢百體；夫人豈有視四肢百體而不愛者哉？聖人仁之至也，獨能體斯心而已；曷嘗支離多端而求之自外乎？故能近取譬者，仲尼所以示子貢求仁之方也。醫書以手足風頑謂之四體不仁，爲其疾痛不以累心故也；夫手足在我，而疾痛不與知焉，非不忍而何？世之忍心無恩者，其自棄亦若是而已。」這話最爲適切。又明道識仁篇說道：「學者須先識仁，仁者渾然與物同體，義、禮、智、信皆仁也；識得此理，以誠敬存之而已；不須防檢，不須窮索，若心懈則有防心；苟不懈，何防之有？理有未得，故須窮索，存久自明，安待窮索？此道與物無對，大不足以明之，天地之用，皆我之用；孟子言「萬物皆備於我」，須「反身而誠」，乃爲大樂；若反身未誠，則猶是二物有對，以己合彼，終未有之，又安得樂？訂頑意思，乃備言此體，以此意存之，更有何事？必有事焉而勿正，心勿忘，勿助長，未嘗致纖毫之力，此其存之之道；若存得便合有得；蓋良知良能，元不喪失，以昔日習心未除，卻須存習此心，久則可奪舊習，此理至約，惟患不能守，既能體之而樂，亦不患不能守也。」這主張識仁，非有存養的功不可。

明道心的見解，有人心道心的分別，心就是元氣，爲人身主宰。「故道心言其本性，則爲天理。」天理就是道，道就是性，故說道：「道卽性也若道外尋性性外尋道便不是聖賢論天德。」又說道：「人心莫不有知惟人欲蔽時，至忘天德。」可知人欲去時，心就是天理。他說道：「曾子易簀之意，心是理，理是心聲爲律，身爲度也。」明道所說的天理，就是性，就是元氣，所以心亦是元氣。惟人心不能無欲，怎樣去法？說道：「只聞人說善言者，爲敬其心也；故視而不見聽而不聞，主於一也；主於內則外不失敬，便心虛故也；必有事焉不忘不要施之重便不好，敬其心，乃至不接視聽，此學者之事也，始學豈可不自此去，至聖人則自從心所欲，不踰矩。」這就是初學者執心的要道。明道又主張尚敬，說道：「敬卽便是禮，無己可克。」又說道：「主一無適，敬以直內，便有浩然之氣；浩然須要實識得他剛大直，不習無不利。」這就是說敬能發現天然的妙質。欲防人欲的害，學問最要。他說道：「學者須學文，知道者進德而已，有德則不習無不利，未有學養子而後嫁，蓋先得是道矣；學文之功，學得一事是一事，二事是二事，觸類至於百千至窮盡，亦只是不是德；有德者不如是；故此言可爲知道者言，不可爲學者言，如心得之，則施於四體，四體不言而喻；譬如學書，若未得者，須心手相須而學。苟得矣，下筆便能書，不必積學。」

性絕內外，故吾人的心不動而靜，就能洞察是非，不以我爲喜怒，從於物而喜怒；欲明此意，試看定性書後半「夫天地之心，以其心普萬物而無心；聖人之常，以其情順萬事而無情；故君子之學，莫若廓然而大公，物來而順應；易曰：『憧憧往來，朋從爾思。』苟規規於外誘之除，將見滅於東而生於西也；非惟日之不足，顧其端無窮，不可得而除也；人之情各有所蔽，故不能適道，大率患在於自私而用智，自私則不能以有爲爲應迹；用智則不能以明覺爲自然；今以惡外物之心，而永照無物之地，是反鑑而索照也；易曰：『艮其背，不獲其身；行其庭，不見其人。』孟子曰：『所惡於智者，爲其鑿也。』與其非外而是內，不若內外之兩忘也；兩忘則澄然無事矣；無事則定，定則明，明則尙何應物之爲累哉？聖人之喜，以物之當喜；聖人之怒，以物之當怒；是聖人之喜怒，不繫於心而繫於物也；是則聖人豈不應於物哉？烏得以從物者爲非，而更求在內者爲是也；今以自私用智之喜怒，而視聖人喜怒之正爲何如哉？」又說道：「夫人之情易發而難制者，惟怒爲甚；第能於怒時遽忘其怒，而觀理之是非，亦可見外誘之不足惡，而於道亦思過半矣。」這是以客觀的理，制主觀的情，乃明道防怒的方法。

明道的性說，是隨萬物固有的性，各得其所；萬物各自完備，如鳥的營巢，蜘蛛的結網，皆能自然得生成之道；今人能生成於社會，就是率性的緣故，不可不知。

第五節　程頤

程頤字正叔，居伊水上，故稱伊川先生。少明道一歲，十八歲上仁宗書，勸以王道爲心。遊太學時，胡安定試諸生，見伊川論大驚，延見授學職；治平熙寧間屢不應薦。元祐初和蘇東坡同居經筵，東坡喜諧謔，伊川守禮法，東坡常嘲他，二人遂不合，門下互誹謗，分洛蜀兩黨。未幾伊川罷官，即死。伊川接學者嚴毅，曾閉目靜坐，游酢楊時侍立不去，伊川張目說道：「日暮矣，姑就舍。」游楊退，不料門外已雪深三尺，稱爲「程門立雪」。嘉定十三年，賜謚正公，所著有易傳四卷，宋志九卷，詩文數十篇。欲研究他的理學，有語錄一書。他和兄學問相同，但兄爲人溫和，他頗嚴肅，因此而學說稍稍不同。

（一）宇宙論　伊川和明道的學說，明道爲綜合的；伊川爲分析的；後來繼承綜合派的爲陸王二子；繼承分析派的爲朱晦庵。明道的宇宙論爲氣一元說；伊川爲理氣二元說；晦庵尤爲顯著。伊川說道：「離了陰陽便無道；所以陰陽者是道也，陰陽氣也，氣是形而下者，道是形而上者，形而上者則是理也。」這就是說道卽理。又說道：「天地之道，至順而已矣；大人先天不違，亦順理而已矣。」理與氣雖有形上形下的分別，然亦並不分離；故伊川又說道：「有理則有氣，有氣則有理；鬼神者數也；數者氣之用也。」這顯然以理氣二元說宇宙造化，且先理後氣，開晦庵二元論的先聲。又說道：「物之名義，與氣理貫通；夫天之所以爲天，本何爲哉？蒼蒼焉耳矣，其所以名之曰天，蓋自然之理也；名出於理，音出於氣，宇宙由是不可勝窮矣。」這就是說理爲萬物所同，不過氣有清、濁、厚、薄的分別，以名喩理的一致；以音喩氣的分殊。又說道：「天、地、日、月，其理一致；月受日光而不爲虧，月之光乃日之光也；地氣不上騰，天氣不下降，天氣下降，至於地中，生育萬物者，乃天之氣也。」這是借日月二物，以譬喩理能通於萬物；伊川論天地化育，說明道生萬物，實本於自然。說道：「一陰一陽之謂道；道非陰陽也，所以一陰一陽道也。」又說道：「道則自然生萬物；今夫春生夏長了一番，皆是道之生；後來之生成不可道，卻將既生之氣，後來卻要生長；道則自然不息。」這是說道雖出於自然，然仍日新又新，生生不已。又申說道：「眞元之氣，氣之所由生，不與外氣相雜，但以外氣涵養而已；若魚之在水，魚之性命，非是水爲之，但必以水涵養，魚乃得生耳；人居天地氣中，與魚在水無異；至於飲食之費，皆是外氣涵養之道；出入之息者，闔闢之機而已，所出之息，非所入之氣，但眞元自能生氣；所入之氣，正當闢時隨之而入，非假之以助眞元也；若謂旣反之氣，復將爲方伸之氣，必資於此，則殊與天地之化不相似；天地之化，自然生生不窮，更復何資於旣斃之形，旣返之氣，以爲造化；近取諸身，其開闢往來，見之鼻息，然不必須假吸復入以爲呼氣，則自然生；人氣之生，生於貞元，天地之氣，亦自然生生不窮；至如海水，陽盛而涸，及陰盛而生，亦不是將已涸之氣卻生水，自然能生；往來屈伸，只是理也；盛則便有衰；晝則便有夜；往則便有來；天地中如洪爐，何物不銷鑠。」伊川所說眞元，就是理；氣爲理所生，理生生不已，故氣自然不窮，並非前氣復爲後氣。又說陰陽變化無窮的妙用道：「天行健，不留一息，令人疑其速，然密察寒暑之變，卻覺其遲。」又說道：「陰陽二氣，變化而生萬物，則雖一物不能相同；一葉猶有左右表裏，各不相同；萬變不齊之狀，雖巧於數者，不能窮計。」又說道：「天地之化，旣是二物，必動已不齊；譬之兩扇磨行，便其齒齊不得，齒齊旣動，則物之出者何可得齊，轉則齒更不復得齊，從此參差萬變，巧曆不能窮也。」又說道：「天地交而萬物生，於中純氣爲人，繁氣爲物。」伊川的宇宙論大概如是。」

（二）性說　明道不能說明性惡的由來，然曾講過「人生氣稟，理有善惡。」伊川復明說爲人性皆善，不過氣有清濁，稟清氣生的爲善人，稟濁氣生的爲惡人。而性就是理；有善惡的爲才。說道：「性出於天；才出於氣；氣清則才清；氣濁則才濁；才出有不善；性則無不善。」更說明的普遍善；其言道：「性無不善，而有不善者才也；性卽是理，理則自堯舜至於途人一也；才稟於氣；氣有清濁；稟其清者爲賢；稟其濁者爲愚。」理與氣分得清楚，性善論可算成立，這就是宋儒理氣的淵源，不可不知。

性就是理；非抽象的，非形式的，乃力學的；故性發動的時候就是情。性是善的，惟情須得其宜；不過不能說情是不善的；有人以性善情不善問伊川，伊川說道：「情者性動也，要歸之正而已，亦何得以不善名之。」又說道：「性卽理也；天下之理，原其所自，未有不善；喜怒哀樂未發，何嘗有不善；發而中節，則無往而不善。」未發就是性未見於外，既發就是性已見於外，已見就有善和不善的分別。

伊川又說性就是心；說道：「孟子曰：『盡其心者，知其性也。』心，卽性也。」惟心和性怎樣不同？說道：「在天爲命；在義爲理；在人爲性；主於身爲心；一也。」惟命與性與理與心，皆不能離乎道；道爲活動的，爲萬物生成之本體，故心爲人的生道。「心，生道也；有是形心卽具是形以生；惻隱之心，人之生道也。」心爲絕對的；故又說道：「一人之心，卽天地之心。」心通共通的基礎，以說明萬物感通的理；說道：「在此而夢彼，心感通也；已死而夢見，理感通也；感通明時，焉知遠近生死今古之別哉？」楊定鬼神之說，其能外於是哉？」心爲本體，具備萬理，說道：「沖漠無朕；萬象森然已具；未應不是先；已應不是後；如百尺之木，自根本至枝葉，皆是一貫、不合道上面一段事，無形無兆，卻待人施安排，引入來教入塗轍。」這句話他就是說理備於心，但並不在內，可蹈而行，也不在外，因爲沖漠而無形迹可見。總之理就是日用彝倫之道，從洒掃應對至忠孝一切皆是。此外尚有其他性說，列下。

天地儲精，得五行之秀者爲人；其本也眞而靜；其未發也五性具焉；形既生矣；外物觸其形而動於中矣；其中動而七情出焉，曰喜、怒、哀、懼、愛、惡、欲，情既熾而益蕩，其性鑿矣。

性字不可一概論，「生之謂性，」止訓所稟受也。「天命之謂性，」此言性之理也。今人言天性柔緩，天性剛急，言天成皆生來如此，此訓所稟受也。

「性相近也，」性一也，何以言相近？曰：此只言氣質之性也，如俗言性急性緩之類；性安有緩急，此言性者，生之謂性也。

論性不論氣不備；論氣不論性不明。

孟子言性之善，是性之本。孔子言性相近，謂其稟受處不相遠也。

伊川分別性與氣很清楚，氣爲形而下的，性爲形而上的，又爲力學的；其立腳點爲二元論；雖以性與心同一，以成沖漠無朕說；然決不能以心生成宇宙之萬物；這是和明道的一元論不同處。明道所說的性，就是元氣。

伊川因氣有清濁，故人的修養，就是去濁；說道：「氣有清濁。性則無不善；養孟子所養之氣，達於至極之點，則淸明純全，而去所昏塞之惡。」又說道：「致知在所養；養知莫過於寡慾二字。」寡慾則知能靈明，就是性能靈明。

伊川的窮理說：「積個個之窮理，然後脫然而有所了；僅着目一個事，不可以終窮理之效。」這是伊川的根本思想；窮理的方法，「一曰：讀書講明文理。二曰：論古今人物而別其是非。三曰：應接事物而處其當。」他說窮理工夫：「須是識在所行之先，譬如行路，須得光照。」伊川所說窮理，是屬於見聞之智呢？是屬於理性之智呢？不可不知。玆將伊川的格物致知說列下。

進學則在致知。

學莫大於致知。

「致知在格物。」格，至也；如祖考來格之格。凡一物有一理，須是窮致其理。

窮理卽是格物；格物卽是致知；或問「格物須物物而格，抑格一物可通衆理？」答曰：「怎生便會該通！若只格一物便通衆理，雖顏子亦不敢如此道！須是今日格一件，明日又格一件，積習既多，然後脫然自有貫通處。」

見聞之知，非德性之知，物交物則知之非內也，今之所謂博物多能者是也。德性之知，不假見聞。

知者吾之所固有，然不致則不能得之；而致知必有道；故曰：「致知在格物。」

「致知在格物，」非有外鑠我也，我固有之也；因物有變遷而不知，則天理滅矣；故聖人欲格之。

萬物皆有良能，常見禽鳥中做得窠子，極有巧妙處，是他良能，不待學也；人初生，只有喫乳一事不是學，其他皆是學；人只爲知多害之也。

知出於人之性；人之爲知，或入還巧僞，而老莊之徒，遂欲棄知，是豈性之罪也哉！孟子言「所惡於知者，爲其鑿也。」

見聞之知，就是普通智識。德性之知，就是天賦良知。擴充良知，就是致良知。伊川爲王陽明的先驅，誠不可及。

伊川的知行合一說，「耳目之識，不足以發於行，眞心知了後，始得發於行；嘗一度虎嚙牙之害者，聞虎名則神色忽變；然未感嚙牙之痛者，雖未嘗不知虎之恐，但不如彼之神色忽變。又如膾炙，貴公子野人均知其美味；然貴人聞其名，則生好之之色；野人則不然。學者之眞知亦如此。夫勉強合於道而行動者，決不能永續。人之性本善，循理而行順；是故燭理明者，則自然循理而行動爲至樂。」此外尚有知行合一說列下。

知至則當至之，知終則當遂終之，須以知爲本；知之深則行之必至，無有知之而不能行者；知而不能行，只是知得淺；雖飢不食烏喙，人不蹈水火，只是知也；人爲不善，只是不知。

君子以識爲本行次之；今有人焉，力能行之，而識不足以知之，則有異端者出，彼將流宕而不知反，內不知好惡外不知是非，雖有尾生之信，曾參之孝吾弗貴矣。

伊川和王陽明的知行合一說，陽明注重行；伊川則注重知和西哲梭格拉底相同。

伊川的居敬說，「欲屏去聞見知思，固爲不可，惟憂思慮紛亂時，須坐禪入定；我心明如鏡，不得不交感於萬物，即不能無思慮；若欲免之，惟此心要有主；所謂主者敬也，敬者主一無適之謂也，人心不可二用，用於一事，則不能入他事，今習練主一無適，則思慮紛亂之患，自然消滅；易所謂『敬以直內義以方外』云者，直內者，主一之義，不欺不慢，不愧屋漏，皆敬之事也；但存此敬而涵養時，自然天理明也。」這話和明道很相同。此外尚有居敬說列下。

涵養須用敬；進學則在致知。

切要之道，無如「敬以直內。」

敬則無己可克，學者始則須絕四。

閑邪即誠自存；不是外面提一箇誠將來存著；今人外面役役於不善，於不善中尋箇善來存著，如此則豈有入善之理。

但惟是動容貌，整思慮，則自然生敬；敬只是主一也，主一則既不之東，又不之西，如是則只是中。

威儀嚴肅，非敬之道，但致敬須從此入。

敬是閑邪之道，「閑邪存其誠」然亦只是一事，閑邪則誠自存矣。天下有一個善，一個惡，去善卽是惡，去惡卽是善。

明道和伊川不同，明道爲一元論，一元就是道心；修爲的目的，就是排除道心的邪惡。伊川爲二元論，就是性和氣；氣有淸有濁，故窮理功夫不可少。所以明道爲悟脫的。伊川爲窮理的。後來朱晦庵紹述伊川，而伊川窮理說，爲象山勃起的原因；知行合一說，爲陽明勃起的原因。

第六節　程學後繼

明道和伊川理論不同，然門戶未分，且在同一家內教授門人，故不稱爲明道的或伊川的門人，而稱爲程學的門人。程門所重在修養，因兄弟稍有不同，故學風因而不同。明道說道心就是性，就是元氣，其風簡易篤實。伊川分性和氣，稍覺繁瑣。因此而門人各就性質所近以遵守，中著名的不少，以謝上蔡楊龜山能開發二程思想的所在，深得以心傳心的妙處。

（一）謝良佐　謝良佐字顯道，壽陽上蔡人，因號上蔡。從明道學；明道說：「此子展拓得開，將來可望。」後復從伊川學，伊川問他所進，上蔡道；但去得一矜字耳。伊川道：「此所謂切問而近思者也。」元豐八年，登進士，上蔡與胡文定公書說道：「儒之異於禪者，正在下學之處，顏子之功夫，眞百世之軌範也；舍此應無入路，無住宅。二三十年不覺虛過矣。」所著有論語說，可見到他思想的，有上蔡語錄，爲後陸象山的前驅。

上蔡的思想，從明道的簡易學風而得，以心爲中心。說道：「心者何也？仁是已；仁者何也？活者爲仁；死者爲不仁。」與明道所說仁爲元氣爲性爲道心不同。又說道：「今人身體麻痹不知痛癢，謂之不仁；桃杏之核可種而生者，謂之桃仁杏仁，有生之意；推此而仁可見矣。與伊川分析心與仁大不同；伊川說：「心譬如穀種，生之意便是仁，陽氣發處乃爲情。」可見上蔡近明道而遠伊川。茲將上蔡的學說列下。

學佛者知此謂之見性，遂以爲了，故終歸妄誕。聖門學者，見此消息，必加功焉。故曰：「回雖不敏，請事斯語矣，」「雍雖不敏，請事斯語矣，」仁「操則存，舍則亡。」

仁者天之理，非杜撰也，故「哭死而哀，非爲生也；經德不回，非干祿也；言語必信，非正行也。」天理當然而已矣，當然而爲之，是爲天之所爲也；聖門學者大要以克己爲本，克己復禮無私心焉，則天矣。

所謂天理者，自然底道理，無毫髮杜撰；「今人乍見孺子將入於井，皆有怵惕惻隱之心。」方乍見時，其心怵惕，卽所謂天理也；「要譽於鄉黨朋友，內交於孺子父母，惡其聲而然，」卽人欲耳；天理與人欲相對，有一分人欲，卽滅卻一分天理；有一分天理，卽勝得一分人欲；人欲撓肆，天理滅矣；任私用意，杜撰做事，所謂人欲肆矣。

上蔡以心以天具體的解釋仁；他的學問又以心爲中心；說佛家的論性，猶之儒家的論心；上蔡看重心的結果，已到達於知行合一說；他說道「眞知自然行之不難；眞知而行，未免有意，意有盡時。」

這種學問思潮，確是陸王的先導。

（二）楊時　時號龜山，字中立，與謝上蔡並稱程門二傑。神宗朝舉進士，不仕而學於明道，明道稱他「楊君會得最容易。」及歸，明道說：「吾道南矣。」明道死，又從伊川，事益恭，程門立雪故事，龜山亦在內，卒謚文靖，所著有龜山集三十五卷，三經義辨，語錄等。

龜山和明道同爲氣一元論；說通天地只是一氣，宇宙間千態萬狀，不外一氣之離散而已；故論死生如冰釋凍爲水。他主張性善，亦佛教與儒教性善說相比較，「經中說十識第八庵摩羅識，唐言白淨無垢；第九阿賴耶識，唐言善惡種子；白淨無垢，卽孟子之性善是也；言性善可謂探其本；言善惡混乃是於善惡已萌處看。」據龜山所說孟子是就本說，揚雄是就末說，並無矛盾處。又說大學言格物致知以至平天下而以誠意爲主；中庸言天下國家有九經，而行之者誠；然非格物致知，不能知其道。若謂意誠便足以平天下，則先王之典章皆爲虛器。他能以大學中庸的精意合而爲一；此外則除繼承二程餘緒外，別無創見。

（三）呂大臨　呂大臨字與叔，京兆藍田人。與兄大忠大鈞學於橫渠，後歸二程。藍田和謝上蔡游定夫楊龜山稱程門四先生。藍田爲學，注重防檢窮索；明道告以「無須如是，只要識仁就得了」。藍田嘗賦詩道：「學如元凱方成癖；文到相如始類俳；獨立孔門無一事，只須顏子得心齋，」伊川稱爲得本，卒年四十七，有文集、詩說、大學說、中庸說、克己銘與未發之中問答，雖已節易過，然可窺見一斑。

藍田的修養功夫，在存未發之中的心狀；嘗說道：「赤子之心，良心也；天之所以降衷，人之所以受天地之中也，寂然不動，虛明純一，與天地相似；神明爲一；傳曰：『喜、怒、哀、樂未發謂之中。』其謂此乎？此心自正，非待人而後正也；蓋言使良心作用清明，以接事物耳；故先立其大者，則小者不能奪；若令忿懥，好樂、憂患一奪其良心，則視聽食息，從之失守。」這就是後來羅豫章李延平主靜主中的學風開始，於宋理學很有關係。

（四）胡宏　宏字仁仲，號五峯，崇安人，胡安國少子。五峯幼有志道學，在京師見龜山，又在荆門從侯師聖，住衡山二十餘年，能傳家學，又能繼程學，張南軒曾師事他。著作有知言、詩文集、皇王大紀、易外傳等，呂東萊以知言過於正蒙，開當時湖湘的學統。

五峯說道：「聖人指道之體曰性；指其用曰心性不能不動，動則心也。」五峯以心由性而分，爲活動的，而以性爲靜的。又說道：「天命之謂性；性者大本也；堯舜禹湯文王仲尼六君子先後相詔，必曰心而不曰性，何也？曰：心也者，知天地宰萬物以成性者也；六君子盡性者也，故能立天下之大本，人至於今賴其利。」伊川以來，說心頗不詳，五峯獨分析性與心很明暢；而以心爲主，是從上蔡思潮得來。

龜山以佛學說性善，原由廬山總老得來，而五峯亦受其說：「或問性，」曰：「性也者，天地之所以立也。」曰：「然則孟軻氏荀卿氏揚雄氏以善惡言性也，非歟？」曰：「性也者，天地鬼神之奧也，善不足以言之，況惡乎哉？」或又曰：「何謂也？」曰：某聞之先君子曰：「孟子所以獨出諸儒之表者，以其知性也。」某請曰：「何謂也？」先君子曰：「孟子之道性善云者，歎美之辭，不與惡對也。」這就是他以性爲絕對善的地方。又說道：「凡人之身，粹然天地之心，道義完具，無適無莫，不可以善惡辨，不可以是非分，無過也，無不及也。此中之所以名也。」五峯以性爲人生生活所必然，情和欲亦爲人性中所不可少的，無須排斥，說道：「凡天命所有，而衆人有之者，聖人皆有之；人以情爲累也，聖人不去情；人以才爲有害也，聖人不病才；人以欲爲不善也，聖人不絕欲；人以術爲傷德也，聖人不棄術；人以憂爲非發也，聖人不忘憂；人以怨爲非宏也，聖人不釋怨；然則何以別於衆人乎？聖人發而中節，而衆人不中節也；中節者爲是，不中節者爲非；挾是而行則爲正，挾非而行則爲邪；正者爲善，邪者爲惡；而世儒乃以善惡言性，邈乎遼哉！」這段文字，最有價值；五峯以性爲天命，性的概念，因此一大變；不以理說；亦不以道心說；凡人一切情欲及倫理法則皆是。惟善惡的名稱，由於性發動時中節與否而定。而支配性的發動就是心；故中節與否在心；惟心的標準怎樣去求？說道：「本之良心；人類有至機敏之機關，能鑑別是非邪正者。」又說道：「人皆有良心；故被之以桀紂之名，雖匹夫不受也。」「齊王見牛而不忍殺，良心之苗裔見於利欲之間者也；一見操而存之，存而養之，養而充之，以至於大，大而不已，則與天地同。」他論心性頗自得，說心無善惡；又無死生；或問：「心有死生乎？」曰：「無生死。」曰：「然則人死其心安在？」曰：「子既知其死矣，而問安在耶？」或曰：「何謂也？」曰：「夫惟不死，是以知之，又何問焉。」或曰：「未達。」胡子笑曰：「甚哉子之蔽也；子無以形觀心，而以心觀心，則其知之矣。」又說道：「天下莫大於心，患在於不能推之爾。莫久於心，患在於不能順之爾。」「性譬諸水乎？則心猶水之下；情猶水之瀾；欲猶水之波浪；」「氣之流行，性爲之主；性之流行，心爲之主。」「大哉性乎！萬理具焉；天地由此而言矣；世儒之言性者，類指一理而言之爾，未有見天地之至體者也。」

五峯理學稍嫌近常識，惟分析很明白，能脫程學範圍。後來張南軒呂東萊朱晦庵等，疑知言非程學，亦有理由。

（五）李侗　侗字愿中，號延平，南劍人。年二十四，聞羅從彥傳河洛之學，遂往，很佩服師的不求人知。亦謝絕世故，獨居一室，四十餘年，安貧樂道。晦庵說：「李先生不著書，不作文，頹然若一田夫野老。」延平事親從兄，爲人所難能，所著僅延平問答。

延平學問的第一義，就是瞑目靜坐，體認天理。說道：「學問之道，不在多言，但默坐澄心，體認天理，若是雖一毫私欲之發，亦退聽矣；久用力於此，庶幾漸明，講學始有力耳。」晦庵也說道：「延平先生，教人靜坐。」他的學問頗近禪，眞理可由眞覺而知。說道：「大率吾輩立志已定，若看文字，心慮一澄然之時，略綽一見，與心會處，便是正理；若生疑，卽恐凝滯。」他不務高遠，專於日用常行間考察正道所在。他評上蔡道：「語極好玩味，渠蓋於日用上下工夫。」他與劉平甫書，「大率有疑處，須靜坐體究，人倫必明，天理必察，於日用處着力，可見端緒，在勉之爾。」

他主張心與氣合致。不過並非伊川所說形而下的氣，是說人類生理的條件中一種盲目的動力；動力有障礙，就是無知妄作；所以動力能與心一致，就能率理而行動。不過後來晦庵的氣的觀念，非延平的，是伊川的；可知晦庵所得到延平的，不在思想而在實踐涵養；晦庵初見延平，發表自己學問頗暢，延平說道：「子雖說許多之理，而面前之事卻未解。」晦庵反省後，就知佛氏不足的地方。晦庵說道：「李先生教人，大抵令於靜中體認大本未發時，氣象分明；卽處事應物，自然中節；此乃龜山門下相傳祕訣。」趙師言說道：「有所依據而篤守，循序而漸進，無憑虛蹈空之失者，實延平先生一言之緒也。晦庵解釋仁爲天理流行，說甚暢；延平說：「仁爲受天地之中而生，爲人類所固有者。」不僅以流行相形容，較明道尤精確。

延平雜話「聖門之傳中庸，其所以開悟後學無餘策矣；然所謂喜、怒、哀、樂未發之謂中者，又一篇之指要也。若徒記誦而已，則亦奚以爲哉？必也體之於身，實見是理，若顏子之歎，卓然見其爲一物，而不違乎心目之間也；然後擴充而往，無所不通，則庶乎其可以言中庸矣。」「某曩時從羅先生學問，終日相對靜坐只亡文字，未嘗及一雜語；先生極好靜坐，某時未有知，退入室中，亦只靜坐而已。羅先生令靜看喜、怒、哀、樂未發之中，未發時作何氣象？」「常有此心，勿爲事勝，欲慮非僻之念，卽不自作；孟子有夜氣說，熟味之，當見涵養用力之處；著力於涵養之處，正是學者之要；若不如此存養，終不爲己物。」

（六）張栻　栻字敬夫，號南軒，廣漢人。父浚，封魏國公，曾作經解。南軒從胡五峯學，五峯讚道：「聖門有人，吾道幸矣。」官至吏部郎兼侍講，所說大都修身、務學、畏天、恤民、抑僥倖、屏讒諛等話，爲宰相所忌，遂退隱，所著有文集、論語解、孟子說等。

南軒曾說道：「太極動而二氣形，二氣形而萬物化生，人與物俱本此者也，原物之始，亦豈有不善者哉？其善者天地之性也，而孟子道性善，獨歸之人者，何哉？蓋人稟二氣之正，而物則其繁氣也；人之性善，非被命受生之後，而其性施而是善也；性本善而人稟乎氣之正，初不隔其全然者耳；若物則爲氣所昏而不能以自適也；惟人全乎天地之性，故有所主宰而爲人之心，所以異於庶物者，獨在於此也。」又說道：「學者潛心孔孟，必求其門而入，以爲莫先於明義利之辨；蓋聖賢無所爲而然也；有所爲而然者，皆人欲之私，而非天理之所存；此義利之分也；自未知省察者言之，終日之間，鮮不爲利矣；非特名位貨殖而後爲利也，意之所向，一涉於有所爲，雖有淺深之不同，而其爲徇己自私，則一而已。」問：「爲佛學者言人人當常存此心，令日用之間，眼前常見光爍爍地，此與吾學所謂操則存者有異同否？」曰：「某詳佛學所謂，與吾學之云存字雖同，其所以爲存者，固有公私之異矣；吾學操則存者，收其放心而已矣；收其放心而公理存，故於所當思而未嘗不思也；所當爲而未嘗不爲也；莫非心之所存故也；佛學之所謂存心者，則欲其無所爲而已矣；故於其當有而不知有也；於所當思而不知思也；獨憑藉其無所爲者以爲宗，日用間將做何用？其云令日用之間，眼前常見光爍爍地，是弄此爲作用也；目前一切以爲幻妄，物則盡廢，自利自私，此不知天故也。」又說道：「學者循名忘實，此眞可憂；但因此遂謂理學之不可講，大似懲噎廢食；是因盜儒爲害者，而遂謂儒之不可爲；可乎？」

南軒學說，最有名的就是分辨義利說；有所爲而爲的是利；無所爲而爲的是義；可知倫理的行爲善惡，不在行爲而在動機，動機出於利就是不善；動機出於義就是善；這和德國哲學家康德的學說完全相同。

第七節　朱熹

朱熹字元晦，亦稱晦庵，婺源人。父松，和李延平同學於羅從彥，晦庵幼卽聰穎，年十九舉進士，二十四歲始見延平，卽覺從前所學的空遠，專從延平著實處入手。孝宗時數上書，不能用，御史陳賈道：「道學者大率假名以濟僞，願擯棄勿用。」有忠告晦庵的，說：「正心誠意之論上所厭聞，請勿以言。」晦庵道：「吾平生所學在此四字，豈可隱默而欺吾君乎？」後爲林栗所劾，遂歸。寧宗朝，何澹、劉德秀、胡紘、姚愈、沈繼祖、余嚞等毀謗備至，當時從晦庵遊的，或隱山林，或改名遷居，或易服狎遊，以示非黨，惟晦庵講學不休，仍能鎭靜堅定；後疾革，囑其子及門人勉學，幷修正遺書，卽逝，諡文公。理宗朝，追封信國公，贈太師。遺著有大學中庸章句、或問、太極圖解、通書解、西銘解、易本義、啓蒙、蓍卦考誤、論語孟子集註、詩集傳、楚辭集、辨證、韓文考異、論孟集議、孟子指要、中庸輯略、孝經刊誤、小學、謝上蔡語錄、延平問答、宋名臣言行錄、程氏外書、程氏遺書、家禮、近思錄、通鑑綱目、伊洛淵源、正蒙解等。如欲窺見其理學思想，須研究其後人的編纂，如朱子語類、朱子語錄、朱子文集、朱子書節要等。茲將晦庵的學說列後。

（一）哲理說　晦庵繼續伊川思想，主理氣二元說，而以周子的太極明斷爲理；他說的理是與氣相對的，與太極爲同一物，太極就是理；說道：「只是一個理而已，因其極致，故曰太極。」晦庵以爲宇宙一切現象，皆由於理氣之合成而成。「人物之生也，必稟此理以成其性；必受此氣以成其形；性與形爲有所必然的。」「惟理與氣非分離而存在的，無此氣時，理無掛搭之處；無此理時，氣不能成形；故無無氣之理，亦無無理之氣。」更進而論理氣作用的區別，「理爲形而上之道，爲萬物所以生之原；理氣爲形而下之器，率於理而爲鑄型之質料。」「氣之自身，不能運動；必待理之指向，始能流行。」「故理與氣不可以時之前後論。」晦庵頗信天地有始說，與太極圖說，「無天地時，只是理而已。」有人問理與氣如何？他說道：「有此理便有此氣；但理是本。」「然理非別爲一物，僅存在於氣之中而已。」

晦庵論太極和萬物的關係，以爲理散在萬物，然可統一；不過從特殊方面看來，則理不相同。說道：「人人有一太極；物物有一太極；合而言之，則萬物體統於一太極；分而言之，則一物各具一太極。」

他從各方面看理，多稱爲太極，一太極分布於萬物，而一物的太極，和原始的太極，並無分別。說道：「一粒之粟，生而爲苗，苗便生花，花便結實，又成粟而還復於原形；一穗有百粒，每粒個個完全；又將這百粒種時，一粒又生百粒，生生只管不已；其初只是從這一粒分去；與此相同，物物各有理；總只是一理。」可知太極爲一而多，且全智全能者；如禽、獸、草、木，雖有許多差別，然理只是一個。說道：「外而至於人，則人之理不外於己也；遠而至於物，則物之理不異於人也；極其大，則天地之運，古今之變，不能外也；盡於小，則一塵之微，一息之頃，不能遺也；是乃上帝所降之衷，烝民所秉之彝；劉子所謂天地之中；夫子所謂性與天道；子思所謂天命之性；孟子所謂仁義之心；程子所謂天然自有之中；張子所謂萬物之一原；邵子所謂道之形體者。」可知晦庵所說的太極，就是一的意思；不但是共通普偏的理，并且是個別具體的理；就是不僅限於一物的理。不過晦庵所說的太極，能否完全實現於各物，是不可不研究的。

理不能完全實現，因各物氣不同的緣故。晦庵說道：「以理言之，則無不全；以氣言之，則不能無偏。」「理雖無差別，而氣有種種之別，有淸爽，有昏濁，難一一枚舉。」這雖是萬物差別的緣故，「然一一皆有太極；其狀恰如寶珠之在水中，在聖賢之中，則如在清水中，其精光自然發現；其在至愚不肖中，則如在濁水中，非澄去泥沙，其光不可見。」不但是人類間有如是差別，就是人和物的差別，亦不過因氣的關係，取周子的宇宙論一觀就明白；說道：「得其氣精英者爲人；得其渣滓者爲物；生氣流行，一滚而出，初不道付其全氣與人，減下一等與物也；但稟受隨其所得，物固昏塞矣，而昏塞之中，亦有輕重。」晦庵以宇宙間爲陰陽二氣的屈伸往來；說道：「天地間無兩立之理，非陰勝陰，則陽勝陽，無物不然，無時不然，寒暑晝夜君子小人天理人欲皆然。」

（二）心性說　「人物由理氣二者而成，理卽太極，太極卽性，是人物所同得，此爲本然之性。」「仁、義、禮、智、信，爲人生爲人之法則，不可不具備。」「本然之性外，尙有氣質之性；氣質之性，準於氣之清濁如何？清者爲聖賢，濁者爲昏愚；更詳言之，得木氣重者，惻隱之心常多，羞惡辭讓是非之心因此塞而不得發；得金氣重者，羞惡之心常多，惻隱、辭讓、是非之心因此塞而不得發；火、水亦然；故氣質之性完全之人，陰陽合得，五性全備，爲中正者，聖人是也。」「故氣質之性，在形體之後，然無形質，則本然之性，無安置自己之地位，如一勺之水，非以物盛之，則水無歸着之所。」晦庵的意以爲本然之性，實際與氣質之性相密接；是以論氣質之性時，勢不得不雜言理與氣。

心爲一身的主宰，具衆理而應萬事；惟理與氣究竟誰屬？這不得不屬氣。說道：「心者氣之精爽。」心與性有怎樣關係？說道：「性者心之所具之理。」又說道：「心以性爲體。」心與性的關係可知。這是經驗的心，爲氣所凝成的；此外尙有超越的心，與經驗的心的性質同樣述之；（一）因理而刺動，就是道心。（二）因氣而刺動，就是人心；惻隱、羞惡等心爲道心；一切嗜欲等爲人心；說道：「道心是義理上發出來底；人心是人身發出來底；雖聖人不能無人心，如飢食渴飲之類。雖小人不能無道心，如惻隱之心是。」

晦庵關於情的見解，說道：「情通性之氣而爲所發動；心統性與情者；故從性之方面見之，心寂然不動；從情之方面見之，則感而遂通。又說道：「心未動時爲性；心已動時爲情；心統性情，此之謂也；欲由情發，而欲有善惡，此矛盾也；情已善，何以欲出惡？」又說道：「心如水，性猶水之靜；情則水之流；欲則水之波瀾；但波瀾有好底有不好底；如我欲仁，是欲之好底；欲之不好底，則一向奔馳出去，若波濤翻浪。」情出於性，並非不善；孟子說：「情可以爲善。」是不過情常爲欲所亂，所以不能完全實現。

晦庵以爲四端發於性；七情由四端發出；就是哀、懼，由惻隱發出，怒、惡、由羞惡發出，惜不能徧及；但說道：「但分七情而不可配四端，七情自能貫通於四端。」

理就是天地生物之心，而在人的就是仁。他說道：「仁，人心也，」仁包含禮、義、智，故去私見，而以仁充分活動，如行孝、弟、恕，皆不外乎心的特別作用。說道：「蓋人之爲道，乃天地生物之心，卽物而在；情之未發，而此體已具；情之既發，而其用不窮；誠能體而存之，則衆善之源，百行之本，莫不在是；此孔門之教所以必使學者汲汲於求仁也。其言有曰：『克己復禮爲仁。』言能克去己私，復乎天理，則此心之體無不在，而此心之用無不行也。」又說：「事親孝，事兄弟，及物恕，則亦所以行此心也。」

（三）修爲說　格物致知和窮理，晦庵看來是同一的；說道：「格物致知，是窮此理。」又說格物的精細工夫，「格物十事，格得九事通透，卽一事未通透，不妨；一事只格得九分，一分不通透，最不可；須窮到十分處。」「致知格物，只是一事；格物時卽致知；凡人之入德處，全在格物致知。」「致知格物，卽窮理之要，必在讀書；讀書之法，以循序致精爲第一；而致精之本，在居敬持志。」晦庵又示精密的讀書法，說道：「讀書之法，在循序而漸進，熟讀而精思；字求其訓，句索其旨；未得於前，則不敢求其後；未通乎此，則不敢志乎彼；先須熟讀，使其言皆若出於吾之口；繼以精思，使其意皆若出於吾之心。」又說道：「讀書別無法，只要耐煩子細是第一義。」

晦庵關於存夜氣的見解，說道：「日間所理會而得的，入夜卽須涵養；日間進一分道理，夜氣便添一分；第二日更進一分的道理，夜氣便添二分；第三日更進一分的道理，夜氣便添三分；日日只管進，夜氣只管添；添來添去，這氣益盛；日間悠悠而無工夫過去，則夜間便減一分氣；第二日無工夫，則夜間又減二分；第三日無工夫，則又減三分；夜氣旣虧，則漸無根腳，遂至去禽獸不遠。」晦庵又引延平語道：「延平先生嘗言『道理須是日中理會，夜裏卻去靜坐思量，方始有得。』某依此法去做，眞是不同。」晦庵又教學者靜坐，說道：「靜坐非如坐禪入定，斷絕思慮；只收斂此心，無煩思慮，此心湛然無事，自然專一，及有其事，則隨事應事，已時復湛然。」晦庵又示執心的要點，說道：「心有所用，則心有所主；只看如今纔讀書，則心便主於讀書；纔寫字，則心便主於寫字；若是悠悠蕩蕩，未有不入於邪僻者。」

晦庵第一取伊川所說不明瞭的心字，使之屬於二元的一氣；第二他的情性說頗精當；故晦庵可爲宋代哲學的大成者。從明道以至今日，理氣的觀念共有三段的變遷；明道未分別理與氣，而解釋性即氣；晦庵分別理與氣，而以明道之性的觀念附屬於理；因此而理帶了些實在的意味；不過後世論晦庵的理爲形式的，而與氣有區別。

第八節　朱子門人

（一）蔡元定　元定字季通，號西山，建陽人。聞晦庵名，拜爲師。慶元初爲沈繼祖所參謫道州，後卒於貶所。嘉定三年，謚文節。西山從晦庵最久，博聞強識，同輩皆不及，尤長於天文、地理、樂律、歷數、兵陣等。西山治家，以孝、弟、忠、信，教人以性與天道，聞者莫不興起。所著有大衍詳說、律呂新書、燕樂原辨、皇極經世、太玄、潛虛指要、洪範解、八陣圖說等。

（二）蔡沈　沈字仲默，號九峯，西山少子。在家服膺父教，出外師事晦翁，其書經集傳序，說求心頗詳。

（三）黃榦　榦字直卿，號勉齋，閩縣人。學於晦庵，晦庵妻以女，晦庵卒，勉齋心喪三年。著有經解及勉齋文集，卒謚文肅。

（四）陳淳　淳字安卿，號北溪，少習舉子業，後受教於晦庵，晦庵卒，北溪追思師訓，窮理格物，有所貫通，并發明吾道體統，師友淵源，用功節目，讀書次序爲四章，以示學者。卒年六十五。所著有道學體統四篇，似道似學、大學論語中庸口義字義詳講等。

北溪說道：「大抵人得天地之理爲性；得天地之氣爲體。」又說道：「合理與氣，方成箇性。」這就是以心視爲一物，比較師說以心屬氣而具理，未作一物看的，其觀念甚明；而心所能活動，則全由於氣；他又說理爲善的；氣有善有不善的。情和晦庵所說同是由性發出來的；說道：「性中有仁，動出爲惻隱；性中有義，動出爲羞惡；性中有禮、智，動出爲辭讓、是非。」惻隱、羞惡等爲情，是從仁義禮智而出來的；孟子以心統情與性，而卽以心爲主。情不由本性出來，而由物惡來時，卽爲不善；說道：「情之中節，是從本性發來，便是善，更無不善；其不中節，是感物欲而動，不從本性發來，便有箇不善；孟子論情全把做善者，是專指其本於性之發者之言。」又說道：「喜、怒、哀、樂七情，是合善惡說。」這都是晦庵所未說的。

第九節　陸九淵

陸九淵字子靜，號象山，金谿人。三四歲時，温重端靜如成人，遇事物必問，一日忽問天地怎樣窮盡？父笑而不答，遂深思忘寢食；五歲卽讀書，七八歲聞人誦伊川語，說道：「伊川之言，奚與孔孟之言不類？」十三歲時，讀古書至宇宙二字，解釋道：「四方上下曰宇；往古來今曰宙。」忽大悟，說道：「元來無窮；人與天地萬物，皆在無窮之中者也。」乃提筆寫道：「宇宙內事，乃己分內事；己分內事，乃宇宙內事。」又說道：「宇宙便是吾心；吾心卽是宇宙；東海有聖人出焉，此心同也，此理同也；西海有聖人出焉，此心同也，此理同也；南海北海有聖人出焉，此心同也，此理同也；千百世之上有聖人出焉，此心同也，此理同也；千百世之下有聖人出焉，此心同也，此理同也。」象山的學問，卽成於此時；十六歲讀三國六朝史，見夷狄亂華，又聞靖康之事，慨然翦指爪去學弓馬，說道：「吾人讀春秋知華夷之辨，二聖之仇，豈不可復耶？所欲有甚於生者；所惡有甚於死者；今吾人高居優游，豈不可恥耶！」三十四歲舉進士，考官呂祖謙讀象山易卷，說道：「是有學問人之文，必江西陸子靜也。」後祖謙約象山及其兄復齋會朱晦庵等於信州鵝湖寺，議論頗痛快，數日不決；晦庵道：「人各有所見，不如取決於後世。」後常與晦庵通信，或論道，或議政，曾應晦庵召，至白鹿洞書院，講「君子喩於義，小人喩於利」句，極中時弊；晦庵頗以爲是，乞書出，曾上書議政事，惜上不用；辭官後，學者雲集，卒年五十四，賜謚文安。所著有象山全集三十三卷，語錄二卷，年譜一卷。

象山的學問，以簡易直截爲其特色；尋其遠因，則從明道起，經過謝上蔡，王震澤而來；惟象山常不滿意於伊川，說道：「二程見周茂叔後，吟風弄月而歸，有吾與點也之意；後來明道此意卻存；伊川已失此意。」所以伊川的學問，流爲晦庵；明道的學問，發爲象山；象山說道：「元晦似伊川；欽夫似明道；伊川蔽錮深，明道卻通疏。」伊川一派分道心與人心，配理與氣；所主張怎樣窮理，仍不過爲形式的智識；所謂本心的善並無十分關係；惟象山倡導的心卽理主義，能結合窮理與本心的善；象山見晦庵，以爲他所懷的是支離的主義，這就是窮理與本心的善，不能打通的緣故。

（一）性理說　象山的觀念，就是心卽理。他主張性善；曾對學者說：「汝耳自聰，汝目自明，事父母自能孝，事兄自能弟，在無少缺，不必他求，在乎自立而已。」又說道：「人性本善，其不善者，遷於物也。」他與友人書，說道：「蓋人受天地之中以生，其本心無有不善。」又以理爲普遍的，他作「則以學文」題中有句道：「宇宙之間，典常之昭然，倫類之燦然，果何適而無其理也；學者之爲學，固所以明是理也。」又與友人書說道：「塞宇宙一理耳；上古聖人先覺此理，故其王天下也，仰則觀象於天，俯則觀法於地，觀鳥獸之文與地之宜，近取諸身，遠取諸物。」又說道：「天下事事物物，只有一理，無有二理。」象山所說的理，和程朱差不多；不過以理爲形式的法則，是所當注意的。象山又以氣質有厚薄、強弱的分別，說道：「然人之生也，不能皆上智不惑，氣質偏弱，則耳目之官，不思而蔽於物。」又評韓退之的原性道，「卻將氣質做性說了。」象山思想與程朱立腳點不同，就是彼主張心卽理，至氣質本不注意。

象山不贊成心有人心道心的分別；說道：「心一也，人安有二心。」他解釋尚書上說的「人心惟危、道心惟微」二句，說道：「自人而言則曰惟危；自道而言則曰惟微。」更解釋危與微的意旨，說道：「罔念作狂，克念作聖，非危乎？無聲無臭，無形無體，非微乎？」他又解釋天人分開的誤謬，說道：「天理人欲之分，論極有病；自禮記有此言，而後人襲之；記曰：『人生而靜，天之性也；感於物而動，性之欲也。』若是，則動亦是，靜亦是，豈有天理物欲之分，動若不是，則靜亦不是，豈有動靜之間哉！」

佛說：「見性成佛。」象山說頗相同，最容易見的，就是他所發表的觀念；他說道：「論語中多有無頭柄的說話，如『知及之仁不能守之』之類，不知所及所守者何事？如『學而時習之』不知時習者何事？非學有本領，未易讀也；苟有本領則知之所及者及此也，仁之所守者守此也，時習之習此也，說者說此，樂者樂此，如高屋之上建瓴水矣。」象山所說者就是指點這個心，所以和禪家同一口吻。又說道：「道理只是眼前的道理，雖見到聖人田地，亦是眼前道理。」象山又以心爲一個最大的；爲具理的；說道：「義理之在人心，實天之所與，而不可泯焉者也。」又以義理爲心的活動樣式；說道：「蓋皆人之所固有，心之所同然也。」又說道：「心卽理。」「循自然之理，安有內外表裏之別！」這就是他的立脚地，象山以爲人與人相異的緣故，就是氣質的關係；說道：「氣質偏弱，則耳目之官，不思而蔽於物，物交物則引之而已；由是向之所謂忠信流而放僻邪侈，而不能以自反矣；當是時，其心之所主，無非物欲而已矣。」心從其固有法則而活動，因爲耳目蔽於物欲，完全不能自己實現，這是和晦庵差異的一點。

（二）修爲說　要研究象山的心卽理，不可不研究象山的窮理工夫；他說道：「所謂窮理，所謂格物，皆不外開耕自己之田地，故我無所添加，惟僅自所有意識而已。故非我註六經，六經皆我註腳。」這就是和別人不同處。又說道：「我之學問與諸處異者，只是在我，全無杜撰；雖千言萬語，只是覺得他底在我不曾添一些。近有議吾者云：『除了先立乎其大者一句，全無伎倆。』吾聞之曰：『誠然。』」他以爲發揮心的善處，在除物欲；說道：「今之論學者，只務添人底，自家只是減他底；此所以不同。」又說道：「格物者，格此者也，伏羲仰象俯法，亦先於此盡力焉耳；不然所謂格物，末而已矣！」格此的此字，就是指心說。

象山說道：「自立自重，不可隨人腳跟，學人言語。」又說道：「義理之在人心，實天之所與，而不可泯滅焉者也；彼其受蔽於物，而至於悖理違義，蓋欲弗思焉耳；誠能反而思之，則是非取舍，蓋有隱然而動，判然而明，決然而無疑者矣。」他常教學者道：「各自圓滿具足，無少缺，故要自立。」又說道：「人當先理會所以爲人，深思痛省；枉自汨沒，虛過日月，朋友講學，未說到這裏，若不知人之所以爲人，而與之講學，遺其大而言其細，便是放飯流歠而問無齒決；若能知其大，雖輕自然反輕歸厚，因舉一人恣情縱欲，一知尊德樂道，便明白潔直。」象山的實學就在此，故說道：「古人皆明實理，做實事。」又說道：「心之在人，是人之所以爲人，而與禽獸草木異焉者也；可放而不求哉！」可知欲明自己的心，當以思爲本。

總之象山心卽理的觀念，就是窮理和實踐的結合；所謂窮理格物，終不外乎自己本心的自覺，以爲入學的初步。說道：「凡物必有本末；且如就樹木觀之，則其根本必差大；吾之教人，大槪使其本常重，不爲末所累；然今世論學者，卻不悅此。」象山死後，繼起者二人，一爲門人楊慈湖，一爲明代王陽明。

第十節　陸子門人

象山門人中，最有名的，爲楊簡袁燮舒璘等。

(一)楊簡　簡字敬仲，號慈湖，慈溪人，爲進士。嘗反觀覺天地萬物通爲一體，非吾心外事，象山提本心二字，慈湖問怎樣叫本心？象山道：「君今日所聽扇訟，彼訟扇者必有一是，必有一非，若見得孰是孰非，卽決定爲某甲是某乙非，非本心而何？」慈湖忽覺得此心湛然淸明，遂拜稱弟子。曾面奏寧宗說「斯心卽大道。」卒年八十六，謚文元。所著有己易啓蔽，及其他關於禮的書。

慈湖推廣心卽理的觀念，以一切的法則，皆爲我心內事；其己易一篇，凡易所謂天地之運行，日月之交代，皆在自己範圍內；說道：「天地我之天地，變化我之變化，非他物也。」「吾心湛然淸明而非物，吾性洞然無際而非量，天者吾性中之象，地者吾性中之形，故曰：『在天成象，在地成形，』皆我之所爲也。」這與西哲學家非希的絕對自我論相同。又說道：「吾未見天與地與人之有三也；三者形也，一者性也，亦曰：道也，又曰：易也，名言之不同，而其實一體也。」自己之性，就是易所有變化，皆於此求；「故孔子說道：『易與天地準，』天地卽易；幽明本無；必仰觀俯察而後能知其故。」這就是混合佛教思想的地方。黃宗羲說他學象山而過者，當然不差。

慈湖學說，是極端唯心說；惟平日踐履，一無瑕玷；雖高年亦敬謹不敢放逸；與托於禪而放誕者不同。全謝山說道：「壞象山教者實慈湖；然慈湖之言，不可盡信，而行則可師。」黃勉齋說：「楊敬仲集，皆德人之言也。」這話甚是。

（二）袁燮　燮字和叔，號絜齋，鄞縣人。曾訪問呂東萊，惟其學以象山爲主。說道：「大哉心乎！與天地一本精思以得之勤業以守之，則與天地相似。」又說道：「人生天地間，所以超然獨貴於物者，以是心也；心者人之大本也；此心存則雖賤而可貴，不存則雖貴而可賤。」又說道：「直者天德，人之所以生也本心之良未嘗不直回曲繚繞，不勝其多端者，非本然也。」又說道：「道不遠，本心卽道」，「此心此理貫通融合，美在其中，不勞外索。」絜齋學象山似趨平實；較慈湖的言論有繩矩。

（三）舒璘　璘字廣平，嘗訪問張南軒，惟其學亦以象山爲主。曾說道：「人之良心本自明白，特患無所感發；一朝省悟，邪念釋除，志慮所關，莫非至善。」可見他深得象山的學問。此外尙有沈炳和槐堂諸子，不多述。

第十一節　浙東獨立學派

（一）呂祖謙　祖謙字伯恭，號東萊。初性極褊，後因病中讀論語，「躬自厚而薄責於人」句，遂省悟，致終身無暴怒。與朱晦庵張南軒爲友。舉進士，卒謚成。所著書甚多，幷與晦庵同集近思錄。他與晦庵最善；所學尤爲實踐的。曾說道：「古人爲學，十分之中，九分是動容周旋灑掃應對，一分在誦說；今之學者，全在誦說；入耳出口，了無涵蓄。」東萊熟讀左傳。雖自己道高望重，然樂與朱陸爲伍，鵝湖寺之會，他是發起人。他長於歷史文章，左氏博議最有名；此外尚有麗澤講義，可資實踐道德甚多。

（二）陳亮　亮字同甫，號龍川，永康人。喜談兵，後折節讀書；自孟子以下，惟推王通；其學主致用，而非當時性理之說；立人身後而談性命的，他以爲灰埃唾而不顧；痛朱學派流於空疏，曾作書去駁他；說道：「爲士以文章行義自名，居官以政事書判自顯，各務其實而極其所至，各有能有不能，卒亦不敢強也。道德性命之說一興，而尋常爛熟無所能解之人，自托於其間，以端慤靜深爲體，以徐行緩語爲用，務爲不可究測，以蓋其所無。」又說道：「研窮義理之精微，辨析古今之異同，原心於秒忽，較理於方寸，以積累爲工，以涵養爲正，睟面盎背，則於諸儒誠有愧焉；至於堂堂之陣，正正之旗，風雨雲雷交發而並至，龍蛇虎豹變見而出沒，推倒一世之智勇，開拓萬古之心胸，自謂差有一日之長。」龍川爲孝宗所信任，卒年五十五，謚文毅。

（三）葉適　適字正則，號水心，永嘉人。舉進士，卒謚忠定。所著有水心文集、習學記言、拾遺別集等。全祖望說道：「永嘉功利之說，至水心始一洗之，然水心天資高放，言砭古人多過情。」水心批評古人，比較象山批評伊川尤甚，從曾子子思起皆不免；南宋學術界本分朱陸兩派，水心自成一家，勢成鼎足；他善於譏評古今學術得失，更能考論古書正僞和道統之辨，說孔子道統，曾子不得其傳；顯然和程朱相反。又因當時性理太極諸說，出於繫辭；而繫辭不全是孔子所作；疑周張二程的學問，近釋氏。又疑中庸非子思所獨著，其他如疑管子，詆老子，疑左氏國語，非劉向五行傳，對於百家著作批評，無所不至。

第十二節　朱學後繼

嘉定以後，私淑朱學的有魏鶴山和眞西山；今合記二人如下。

（一）魏了翁

了翁號鶴山，邛州人。舉進士，官至禮部尙書，卒贈太師，諡文靖。所著有九經要義、鶴山全集、經外雜鈔、古今考等。鶴山與晦庵門人輔漢卿爲友，因此深通義理之學。

鶴山亦主張絕對唯心論；說道：「心者人之太極；而人心又爲天地之太極；以立兩儀，以命萬物，不越諸此。」這和邵康節的先天學心法，楊慈湖己易相同。又說道：「古人位天地，育萬物，把做己職事；天地是我去做五行五氣，都在我一念宣節之；後世人自人天自天，失其人之職。」又論欲，說道：「聖賢言寡欲矣，未嘗言無欲也；所謂欲仁、欲立、欲達、欲善，莫非使人卽欲以求諸道，至於富貴所欲也，有不可處；己所不欲，有不可施，則又使人卽其不欲以求諸非道；歲積月累，必至於從心所欲而不踰矩，然後爲之；……今日自寡欲以至無欲，不其戾乎！」「性不能無感，性之欲也；知誘物化，則爲私欲；故聖人雖使人卽欲以求道，而於季康子於由、求，於申棖，曷嘗以其欲爲可乎？胡仁仲之言曰：『天理人欲，同行異情』以此求之，則養心之說備矣。」鶴山學說，可見一斑。

（二）眞德秀　德秀，號西山，建州人。舉進士，官至禮部侍郎，卒年五十八，謚文忠。所著有文集、讀書記、四書集論、文章正宗、大學衍義、西山甲乙藁、對越甲乙集、經筵講義、西山政訓等。

或問大學「只說格物，不說窮理。」他說道：「器者有形之物也，道者無形之理也；明道先生曰：『道卽器，器卽道，兩者未嘗相離。』蓋凡天下之物，有形有象者，皆器也，其理便在其中；……天下未嘗有無理之器，無理之器，卽器以求之，而理在其中；如卽天地則有健順之理，卽形體則有性情之理；

精粗本末，初不相離；若舍器而求理，未有不蹈於空虛之見；非吾儒之實學也；所以大學教人以格物致知，蓋卽物而理在焉；庶幾學者有著實用力之地，不至馳心於虛無之境也。」從這方面看西山，完全墨守晦庵思想。此外解釋仁爲生意，敬爲主一無適，皆本程子學說。又以理解釋太極，以形氣解釋陰陽，亦不出晦庵範圍。未見西山有所發明。

第二章　元代理學

元本蒙古族，代宋而有天下；在宋理宗時，元中書行省楊惟中，建太極書院於燕京，延趙復爲師，當時周敦頤的太極圖說，尙未至河朔；惟中用師蜀漢，始得名士數十人，始知道學；於是搜集伊洛之書，載至燕京；及師還，乃建周子祠，以二程張楊游朱六子配饗，河朔由是知道學。玆將當時碩學者列下。

（一）許衡　衡字仲平，號魯齋，河內人。七歲入學，授章句，問他師，爲什麽讀書？師告他道：「爲取科第而已。」魯齋道：「如斯而已乎？」師每受書，必問書的旨義，師不能答而去，連更三師，繼訪姚樞於蘇門，（樞師趙復）得伊洛新安遺書。魯齋道：「今始得進學之序。」元世祖時至京師，授國子祭酒，至元二年，上書說「立國之規模。」至元十八年卒，年七十三，贈司徒，謚文正。曾說道：「綱常不可亡於天下，苟在上者無以任之，則在下之任也。」所著有魯齋心法，魯齋全書。學者稱爲魯齋先生。

魯齋所著心法一書，注重在心，說道：「人心虛靈，無槁木死灰之理。」又說道：「天地間須大著心，不可拘於氣質局於一己。」他的勇往無前情狀可以想見。又說道：「凡事理之際有兩件，有由自己底，有不由自己底，由自己底有義在，不由自己底有命在。」義與命截然爲二，可謂徹底。又說道：「其所以然，與其所當然，此說個理字，所以然者，是本原也；所當然者，是末流也；所以然者，是命也；所當然者，是義也；每一事，每一物，須有所以然與所當然。」這眞是修身的格言。又說道：「凡事一一省察，不要逐物去了，雖在千萬人中，常知有己，此持敬大略也。」他說到持敬工夫尤妙。

（二）劉因　因字夢吉，號靜修，雄州容城人。初學訓詁疏釋，每歎道：「聖人精義殆不止此。」後就趙復得周程張邵朱呂之書，大喜。又說道：「吾故爲當有是也。」元至元十九年，詔徵爲右贊善大夫，以教近侍子弟，後因母病辭職歸，二十八年又召，不就，帝說道：「殆所謂古之不召之臣歟？」三十年卒，年四十五，學者稱爲靜修先生，所著有靜修文集。

魯齋和靜修爲元代學術界功臣，不過靜修享年不久，不如魯齋所及甚遠，至他的志氣高尚，尤超過魯齋，當魯齋應召時，靜修說道：「公一被命而起，無乃速乎？」魯齋道：「不如此則道不行。」後靜修不應召，有人問他，說道：「不如此則道不尊。」他們二人的情狀，可見一斑。靜修曾說道：「邵，至大也；周，至精也；程，至大也；朱子盡其大，盡其精，而貫之以正也。」可知靜修雖宗周邵二程，然對於晦庵尤爲傾倒。

（三）吳澄　澄字幼淸，號草廬，撫州崇仁人。至大元年，召爲國子監丞；辭去；英宗立，遷翰林院學士，進太中大夫；泰定元年，爲經筵講官。後卒，年八十五，謚文正，學者稱爲草廬先生。所著有五經纂言、草廬精語、道德經註及文集。

草廬說道：「朱子以道問學爲主，陸子以尊德性爲主，然問學不本於德性，則其弊必偏於語言訓釋之末；故學必以德性爲本，庶幾得之。」他原是兼取朱陸而並行的。又說道：「道之大原出於天，神聖繼之；堯舜以上爲道之元，堯舜以下爲道之亨，洙泗魯鄒爲利，濂洛關閩爲貞。分而言之，上古羲皇爲元，堯舜爲亨，禹湯爲利，文武周公爲貞。中古仲尼爲元，顏曾爲亨，子思爲利，孟子爲貞。近古周子爲元，程張爲亨，朱子爲利，孰爲今日之貞？」這就是受邵氏思想形式的。不過他的學問，大抵出於晦庵。他說道：「聞見雖得於外，而所聞所見之理，則見於心；故外之物格，則內之知致；此儒者內外合一之學，固非如記誦之徒博覽於外，而無得於內。」這可說是朱陸折中論。又說道：「知者心之靈，而智之用也；未有出於德性之外者。」他的思想似已出乎程朱以外。他說理氣亦頗精密；他不以理氣爲二元，他以理爲在氣的中間。」說道：「自未有天地之前，至既有天地之後，只是陰陽二氣而已；本只是一氣，分而言之，則曰陰陽；又就陰陽中細分之，則爲五行；五行卽二氣，二氣卽一氣；氣之所以能如此者何也？以理爲之主宰也；理者非別有一物，在氣中只是爲之主宰者；卽是無理外之氣，亦無氣外之理；人得天地之氣而成形，有此氣卽有此理；所有之理謂之性；此理在天地，則元亨利貞是也；其在人而爲性，則仁義禮智是也；性卽天理，豈有不善。」不過理爲什麼是善的？他卻未曾說明。他又說人性善惡，是因氣的清濁關係。」「氣質雖有不同，而本性之善則一；但氣質不清不美者，其本性不免汙壞，故學者當用反之之功；反之，『如湯武反之也』……故曰善反之，則天地之性存焉。」這話和晦庵相同。又說：「仁，人心也；敬則存，不敬則亡。」可知他的學問，以程朱爲主，他又將理氣和老子的有無比較，說道：「其無字是說理字，有字是說氣字。」這話亦頗有研究。

（四）趙偕　偕字子永，號寶峯，慈谿人。學者稱寶峯先生。志尙敦厚，不好矯飾，得慈湖書讀後，見森羅萬象渾爲一體，說道：「道在是矣。」乃信三代之治可復，百家之說可一，遂隱於大寶山下，爲宋遺民，義不仕元。遺文有寶雲堂集，因遭兵火不完全。他的學尙靜坐，說道：「凡除合應用之事外，必入齋莊之所靜坐。」「凡得此道融化之後，不可放逸，所寶者淸泰之妙，猶恐散失，宜靜坐以安之。」「凡日夜靜坐之後，若卽寢席，無非此道，若非此道，不卽寢席，庶不失雖寢而不寢之妙。」「凡行住坐臥，雖未能精一，亦必有事焉；雖應酬交錯之間，未能無間斷，無忘可也。」「人無固必自然安；有意於安便不安。人無動靜自然閒，有意於閒便不閒。」他頗近禪學，因他崇拜慈湖，所以不免有此餘習，不過他的行爲頗可稱道。

（五）鄭玉　玉字子美，號師山，徽州歙縣人。元至正十四年，帝除以翰林待制奉議大夫，辭而不起，居家著書以爲業。所著有周易纂註。十七年明兵入徽州被囚，親友有贈遺，從容盡歡，告以必死，因不事二姓，故妻從而死。師山悅，翌日具衣冠北面再拜，自縊而卒。

師山是調停朱陸學說的一人，說道：「陸子之質高明，故好簡易；朱子之質篤實，故好邃密；各因其質之所近，故所入之途不同；及其至也，仁義道德，豈有不同者；同尊周孔，同排佛老，大本達道，豈有不同者；後之學者，不求其所以同；惟求其所以異；江東之指江西，則曰：此怪道之行也；江西之指江東，則曰：此支離之說也此豈善學者哉？朱子之說，教人爲學之常也；陸子之說，才高獨得之妙也二家之說，又各不能無弊；陸氏之學，其流弊也；如釋子之談空說妙，工於鹵莽滅裂，而不能盡夫致知之功；朱子之學，其流弊也，如俗儒之尋行數墨，至於頹惰委靡，而無以收其力行之效；然豈二先生垂敎之罪哉？蓋學者之流弊耳。」這話最正當吳草廬亦曾說過「朱陸二師之爲敎一也而二家庸劣門人各立標榜，互相詆訾至於今學者猶惑；嗚呼！甚矣！道之無傳，而人之易惑難曉也。」這話可作參考。

師山又將太極圖說和西銘比較說道：「太極圖說，其斯道之本源與？太極之說，是卽理以明氣；西銘之作，是卽氣以明理；太極之生陰陽，陰陽之生五行，豈有理外之氣；天地之塞吾其體，天地之帥吾其性，豈有氣外之理；天地之大，人物之繁，孰能出於理氣之外哉？二書之言雖約，而天地萬物無不備矣。」這非研究周張書者不能說。

師山又論古今學術得失，說道：「程子曰『敬者聖學之所成始成終。』秦漢以來，非無學者，而曰孟軻死千載無眞儒，何也？不知用力於此，而溺於訓詁詞章之習，故雖專門名家，而不足以爲學；皓首窮經，而不足以知道；儒者之罪人耳。近世學者，忠恕之旨，不待呼而後唯；性與天道，豈必老而始聞；然出口入耳，其弊益甚；則又秦漢以來諸儒之罪人矣。」又說道：「斯道之懿，不在言語文字之間，而具於性分之內；不在高虛廣遠之際，而行乎日用常行之中；以此窮理，以此淑身，以此治民，以此覺後，庶乎無愧於古人矣。」他的說話很切實平易，不可多得。

第三章 明代理學

元末，宋儒末流，散居各處，教授門人；至明崛起，方正學以一世碩學，號稱程朱再出，然因靖難兵起，殺身成仁，致所學不傳。其先有劉基，崇奉朱學，所著有郁離子蒐集雜說。明洪武八年卒。而清代大儒黃梨洲所著明儒學案，分別流派，爲崇仁、白沙、河東、三原、姚江、浙中王門、江右王門、南中王門、楚中王門、粵閩王門、止修、泰州、甘泉、諸儒、東林、蕺山諸學案；且說道：「有明文章事功皆不及前代，獨於理學前代之所不及也。牛毛繭絲，無不辨晰，眞能發先儒之未發。程朱之闢釋氏，其說雖繁，總是只在迹上；其彌近理而亂眞者，終是指他不出，明儒於毫釐之際，使無遁影。」梨洲出於王學，所以推重王門尤甚。

第一節 守仁以前的明儒

（一）吳與弼　與弼，字子傳，號康齋，撫州崇仁人。十九歲赴京師，從洗馬楊文定學，讀伊洛淵源錄，遂有志於道，見程伯淳見獵心喜記，知聖賢和常人相同，何至不可學；讀四書五經諸儒語錄，體貼身心，如是者有年。父命還鄉，在長江遇風，舟將覆，康齋正襟危坐，說道：「守正以俟而已。」陳白沙來學東窗僅白康齋自簸穀，白沙未起，康齋大聲說道：「秀才若爲懶惰，他日何由到伊川門下；并何由到孟子門下。」天順初，英宗召不至，成化五年卒，年七十九。

康齋之學，全本程朱，說道：「聖賢所言，無非存天理去人欲，聖賢所行亦然；學聖賢者舍是何以哉？」又說涵養之道「食後坐東窗，四體舒泰，神氣清明，讀書愈有進益，數日趣同，此必又透一關矣。」又說學者親切工夫，「澹如秋水，貧中味，和似春風，靜後功。」又說道：「寢起讀書柳陰及東窗，皆有妙趣。」這可見他的胸懷瀟灑。又說道：「大抵學者踐履工夫，從至難至危處試驗過，方始無往不利；若舍至難至危，其他踐履，不足道也。」這種小心翼翼的工夫，亦是從宋儒得來的。

（二）薛瑄　瑄字德溫，號敬軒，山西河津人。幼時聰穎，後習濂洛諸書，歎道：「此學問正路也。」遂盡棄舊學。成祖時舉進士，後爲監察御史，手錄性理大全，遇有心得，卽劄記，出爲山東提學僉事，先力行而後文藝。後爲禮部右侍郎兼翰林學士，未幾致仕家居，門人甚衆。著有詩文集讀書錄等。

敬軒論爲學之要，說道：「爲學之要，莫切於動靜，動靜合宜者便是天理；不合宜者，便是人欲。」又說道：「人心一息之頃，不在天理，便在人欲，未有不在天理人欲而中立者也。」又說道：「二十年治一怒字，尙未消磨得盡，以是知克己最難。」又說道：「主靜以立其本，愼動以審其幾。」又說道：「不能克己者，志不勝氣也。」又說道：「居敬有力，則窮理愈精；窮理有得，則居敬愈固。」又說道：「工夫切要，在夙夜飲食男女衣服動靜語默應事接物之間，於此事事皆合天則，則不外是矣。」

（三）胡居仁　居仁，字叔心，號敬齋，饒餘干人。弱冠從學於吳康齋，築室梅溪山中，除講學外不干人事；歷遊四方，歸與鄉人婁一齋羅一峯張東白等在弋陽龜峯餘干應天寺開學會，名高一時；持身極嚴，每日立課程，詳書得失，雖器物之微，區別精密，終身不亂。後卒，年五十一。

敬齋學說，不離程朱，然持論亦甚嚴，他駁羅仲素李延平說道：「羅仲素李延平教學者靜坐中看喜怒哀樂未發以前氣象，此便差，卻既是未發，如何看得？只存養便是。」又駁呂與叔蘇季明說道：「呂與叔蘇季明求中於喜怒哀樂未發之前，程子非之；朱子以爲卽已發之際，默識其未發之前者則可；愚謂若求未發之中，看未發氣象，則動靜乖違，反致理勢危急，無從容涵泳意味。」又駁程子說道：「遺書言：『釋氏有敬以直內，無義以方外。』又言：『釋氏內外之道不備。』蓋體用無二理，內外非二致，豈有能直內而不能方外，體立而用不行者乎？敬則中有主，釋氏中無主，謂之敬可乎？」不過程子亦說過「惟患不能直內，內直則外必方。」不知前說有無差誤。

（四）陳獻章　白沙名獻章，字公甫，新會白沙里人。幼穎悟，嘗讀孟子，以天民先覺自期，受學於康齋。成化二年遊大學，祭酒邢讓試和楊龜山此日不再得詩，見白沙作大驚，以爲眞儒復出，名聲大振；官至翰林院檢討，後卒，年七十三。

有明學問到白沙，始入於精微，惟在宋學中稍傾向於象山；白沙曾說道：「人所以學者，欲聞道也；求之書籍而弗得，則求之吾心可也。」又說道：「人心上容留一物不得，纔著一物則有礙；且如功業要做，固是美事；若心心念念只在功業上，此心便不廣大，便是有累之心。是以聖賢之心，廓然若無感而後應，不感則不應；又不特聖賢如此，人心本體皆一般；只要養之以靜，便自開大。」這話頗似禪家。

第二節　王守仁

王守仁字伯安，餘姚人，學者稱爲陽明先生。成化年舉進士，授修撰，官至吏部尚書；武宗初，劉瑾用事，陽明因救朝臣，廷杖四十，謫龍場驛丞，窮荒無書，日繹舊聞，忽悟格物致知，當自求諸心，不當求諸事物。歎道：「道在是矣。」遂篤信不疑。著五經臆說。又爲人說知行合一旨，後寧王宸濠反，守仁起兵討平，以功封新建伯，卒年五十七。所著有詩文集、五經臆說、古本大學旁釋、朱子晚年定論，和門人所記傳習錄等。他的好友湛甘泉爲作墓誌，說道：「先生初溺於任俠之習，再溺於騎射之習，三溺於詞章之習，四溺於神仙之習，五溺於佛氏之習，正德丙寅始歸正於聖賢之學。」陽明以「心卽理」；「知行合一」「致良知」三者教人，說道：「宋周、程二學後，惟象山陸氏簡易直捷，有以接孟氏之傳；而朱子集註或問之類，乃中年未定之說。」學者很佩服他。玆將陽明的學說錄下。

（一）心卽理說　「心卽理」說，本是象山所創的。陽明承象山的學說，故陸王同爲心學。陽明曾序象山文集，說道：「析心與理爲二，而精一之學亡。世儒之支離，外索刑名器數之末，以求明其所謂物理者；而不知吾心卽物理，初無假於外也。佛老之空虛，遺棄其人倫事物之常，以求明其所謂吾心者；而不知物理卽吾心，不可得而遺也。」這就是陽明推尊象山，而陰諷晦庵學派的支離，和佛老二字的空虛。又說道：「心外無理。心外無事。」「夫物理不外於吾心，外吾心而求物理，無物理矣。遺物理而求吾心，吾心又何物耶！」陸王「心卽理」說，和晦庵「卽物窮理」說根本不相容；晦庵分心和理爲二；陽明合心和理爲一；說道：「朱子所謂格物云者，在卽物而窮其理也；卽物窮理，是就事事物物上，求其所謂定理者也；是以吾心而求理於事事物物之中，析心與理爲二矣。」又說道：「夫外心以求物理，是以有闇而不達之處。此告子義外之說，孟子所以謂之不知義也。心一而已，以其全體惻怛而言，謂之仁；以其得宜而言，謂之義；以其條理而言，謂之理；不可外心以求仁，不可外心以求義，獨可外心以求理乎？外心以求理，此知行之所以二也。求理於吾心，此聖門知行合一教。」以上爲陽明心卽理的學說，當與象山學說參看。

（二）知行合一說　象山未曾講過「知行合一」學說，程伊川曾微引其端緒，而適所以促成陽明的學說；今述陽明和伊川象山二人的關係，表示如左。

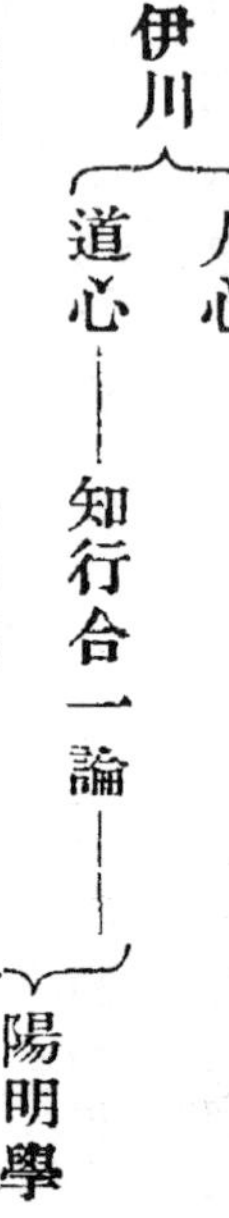

伊川的知行合一論，尙未能大放光彩，因伊川將人心和道心對立，不免有支離的傾向。象山雖未曾說過「知行合一」的話，然以心卽理爲學問的第一義，簡易直截，能繼承聖門正統而有餘。陽明集程陸的大成，遂成爲陽明學。

伊川說道：「知至則當至之，知終則當遂終之，須以知爲本。知之深則行之必至，無有知之而不能行者；知而不能行，只是知得淺；雖飢不食烏喙，人不蹈水火，只是知也；人爲不善，只是不知。」

陽明的知行合一說，他主眼在人事，並非說自然，如政治道德等一切人事，知其善卽行，知其惡卽去，知和行不可須臾離，就是眞知。說道：「知是行的主意，行是知的工夫；知是行之始，行是知之成；若會得時，只說一個知，已自有行在；只說一個行，已自有知在。」又說道：「未有知而不行者，知而不行，只是未知。」又說道：「大學言『如好好色，如惡惡臭。』見好色屬知，好好色屬行，只是那好色時已自好了，不是見了後又立個心去好。聞惡臭屬知，惡惡臭屬行，只聞那惡臭時已自惡了，不是聞了後，別立個心去惡。」「如稱某人知孝，某人知弟，必是其人已曾行孝行弟，方可稱他知孝知弟。不成只是曉得說些孝弟的話，便可稱爲知孝弟。又如知痛必已自痛了方知痛，知寒必已自寒了，知飢必已自飢了；知行如何分得開。」「今人卻就將知行分作兩件去做，以爲必先知了然後能行，我如今且去講習討論做知的工夫，待知得眞了，方去做行的工夫，故遂終身不行，亦遂終身不知。」「夫人必有欲食之心，然後知食，欲食之心卽是意，卽是行之始矣。食味之美惡，必待入口而後知；豈有不待入口，而已先知食味之美惡者耶？必有欲行之心，然後知路，欲行之心卽是意，卽是行之始矣。路歧之險夷，必待身親履歷而後知；豈有不待身親履歷，而已先知路歧之險夷者耶？知湯乃飲，知衣乃服，以此例之，皆無可疑。」「知之眞切篤實處卽是行。行之明覺精察處只是知。知行工夫本不可離，只爲後世學者分作兩截用功，失卻知行本體，故有合一並進之說。眞知卽所以爲行；不行不足謂之知。」

（三）致良知說　致知見大學；良知見孟子；本來是兩起的，爲什麼陽明拉在一起說？標出致良知三字，做學問的頭腦，致知的實功。因爲陽明三十七歲春間，忽悟格物致知，當求諸心。五十歲時，方纔揭出致良知三字教人。他說道：「知是心之本體，心自然會知，見父自然知孝，見兄自然知弟，見孺子入井自然知惻隱，此便是良知，不假外求。若良知之發，更無私意障礙，卽所謂『充其惻隱之心，而仁不可勝用矣。』然在常人，不能無私意障礙，所以須用致知格物之功，勝私復禮，卽心之良知，更無障礙，得以充塞流行，便是致其知；知致則意誠。」「夫子謂子貢曰：『賜也汝以予爲多學而識之者歟？非也，予一以貫之。』使誠在於多學而識，則夫子胡乃謬爲是說，以欺子貢者耶？一以貫之，非致其良知而何？」「良知本來自明。氣質不美者，查滓多，障蔽厚，不易開明。質美者，查滓原少，無多障蔽，略加致知之功，此良知便自瑩徹，些少查滓，如湯中沃雪，如何能作障蔽。」「良知不由見聞而有，而見聞莫非良知之用。故良知不滯於見聞，而亦不離於見聞。孔子曰：『吾有知乎哉？無知也。』良知之外，別無知矣。故致良知，是學問大頭腦，是聖人教人第一義。」「孟子言『必有事焉。』則君子之學，終身只是集義一事。義者，宜也；心得其宜之謂義；能致良知，則心得其宜矣，故集義亦只是致良知。君子之酬酢萬變，當行則行，當止則止，當生則生，當死則死，斟酌調停，無非是致其良知，以求自慊而已。故君子『素其位而行，』『思不出其位，』凡謀其力之所不及，而強其知之所不能者，皆不得爲致良知。而凡『勞其筋骨，餓其體膚，空乏其身，行拂亂其所爲，動心忍性，以增益其所不能』者，皆所以致其良知也。」「良知之在人心，無間於聖愚，天下古今之所同也。世之君子，惟務致其良知，則自能公是非，同好惡，視人猶己，視國猶家，而以天地萬物爲一體，求天下無事不可得矣。堯舜三王之聖，言而民莫不信者，致其良知而言之也；行而民莫不說者，致其良知而行之也。是以其民熙熙皞皞，殺之不怨，利之不庸，……爲其良知之同也。」「良知只是一個天理，自然明覺發見處，只是一個眞誠惻怛，便是他本體。故致此良知之眞誠惻怛以事親，便是孝；致此良知之眞誠惻怛以從兄，便是弟；致此良知之眞誠惻怛以事君，便是忠。」「我輩致知，只是各隨分限所及。今日良知見在如此，只隨今日所知擴充到底；明日良知又有開悟，便從明日所知擴充到底；如此方是精一工夫。」「不睹不聞，是良知本體。戒愼恐懼，是致良知工夫。」「夫良知者，卽所謂『是非之心，人皆有之』，不待學而有，不待慮而得者也。人孰無是良知乎？獨有不能致之耳。……是良知也者，是所謂天下之大本也。致是良知而行，則所謂天下之達道也。天地以位，萬物以育，將富貴、貧賤、患難、夷狄，無所入而弗自得也矣。」「孟子云：『是非之心，知也。』『是非之心，人皆有之。』卽所謂良知也。孰無是良知乎？但不能致之耳。」

「良知良能，愚夫愚婦與聖人同。但惟聖人能致其良知，而愚夫愚婦不能致，此聖愚之所由分也。」

（四）格物致知說　陽明在龍場時，忽悟格物致知，當求諸心。於是將程朱即物窮理舊說完全打破；一方爲吾國理學界開新紀元。他說道：「『盡心知性知天，』是『生知安行』事。『存心養性事天，』是『學知利行』事。『妖壽不貳修身以俟，』是『困知勉行』事。朱子錯訓格物，只爲倒看了此意。以『盡心知性』爲『物格知至，』要初學便去做『生知安行』事，如何做得。」「身之主宰便是心，心之所發便是意，意之本體便是知，意之所在便是物。如意在於事親，即事親便是一物。意在於事君，即事君便是一物。意在於仁民、愛物，即仁民愛物便是一物。意在於視、聽、言、動，即視、聽、言、動，便是一物。所以某說『無心外之理，無心外之物。』中庸言『不誠無物。』大學『明明德』之功，只是個『誠意。』『誠意』之功，只是個『格物。』」「格物，如孟子『大人格君心』之格，是去其心之不正，以全其本體之心。但意念所在，即要去其不正，以全其正。即無時無處不是存天理，即是窮理。天理即是明德。窮理即是『明明德。』」「格者正也，正其不正，以歸於正也。」「朱子所謂格物云者，『在即物而窮其理』也。『即物窮理，』是就事事物物上，求其所謂定理者也。是以吾心而求理於事事物物之中，析心與理而爲二矣。……若我所謂『致知格物』者，致吾心之良知於事事物物也。吾心之良知，卽所謂天理也。致吾心良知之天理於事事物物，則事事物物皆得其理矣。致吾心之良知者，致知也。事事物物皆得其理者，格物也。是合心與理而爲一者也。」「夫正心、誠意、致知、格物，皆所以修身。而格物者，其所用力非可見之地。故格物者，格其心之物也，格其意之物也，格其知之物也，正心者，正其物之心也。誠意者，誠其物之意也。致知者，致其物之知也。此豈有內外彼此之分哉？」「先儒解格物，爲格天下之物，天下之物，如何格得？且謂一草一木，亦皆有理，今如何去格？縱格得草木來，如何反來誠得自家意？我解格作正字義；物作事字義。」

陽明學說，甚爲豐富。除上述外，尙有仁說、性說、親民說、誠意說、克己說、立志說、存天理去人欲說、訓蒙說、闢老佛說，確是有明一大理學家。可惜吾國學者從來未能切實奉行，反被日本利用王學致明治維新，大功告成；豈眞「遷地爲良，借才異地」麽？

第三節　守仁同時的學說

（一）湛若水　若水字元明，號甘泉，廣東增城人。從陳白沙遊，弘治間進士，官至南京禮吏兵三部尚書。卒年九十五。當時學者除王門外，要算他門下。他的學說，和陽明稍有出入，陽明主張致良知。他主張隨處體認天理。他說道：「陽明訓格爲正，訓物爲念頭，格物，是正念頭也。苟不加學問思辨行之功，則念頭之正否未可據。」又說道：「謹獨格物，其實一也。格物者，至其理也。學問思辨行，所以至之也。是謂以身至之也。所謂窮理者如是也。近而心身，遠而天下，暫而一日，久而一世，只是格物一事而已。格物云者，體認天理而存之也。」又說道：「格者，至也。物者，天理也。格卽造詣之義，格物者，卽造道也。知行並進，學問思辨行，皆所以造道也。故讀書，親師友，酬應，隨時隨事，皆求體認天理而涵養之，無非造道之功。誠、正、修、功夫，皆於格物上用，家、國、天下，皆卽此擴充，無兩段工夫，此卽所謂止至善。」又說道：「人心與天地萬物爲體；體物而不遺，認得心體廣大，則物不能外矣；故格物非在外也。格之致之，心又非在外也。」甘泉和陽明雖意見不同，然在當時，亦能獨樹一幟的。

（二）羅欽順　欽順號整庵，字允升，吉泰和人。弘治間進士，官至南京吏部尚書。卒謚文莊。整庵的功夫，初由禪入，後歸於儒。所著有困知記整庵存稿。整庵曾說道：「自夫子贊易，始以窮理而言，理果何物也哉？蓋通天地，亘古今，無非一氣而已。氣本一也，而一動一靜，一往一來，一闔一闢，一升一降，循環無已，積微而著，由著復微，爲四時之温涼寒暑，爲萬物之生長收藏，爲斯民之日用彝倫，爲人事之成敗得失，千條萬緒，紛紜轇轕，而卒不克亂，有莫知其所以然而然，是卽所謂理也。初非別有一物，依於氣而立，附於氣以行也。」理氣一元論，自程明道始，伊川晦庵分作二元，不免支離之病，象山陽明，雖主張一元，不過言理不言氣。整庵獨能闡明明道所心得，確是不容易的。

第四節　王子門人

陽明講學，由近及遠，起初僅限於鄉里間，如徐曰仁、蔡希淵、朱守中等是，陽明頗看重他們。自謫龍場後，四方來受業的更多。至明末他的學問徧天下，黄棃洲作明儒學案，述王學諸子，分地域爲浙中、江右、南中、楚中、北方、粤閩、泰州等七派。浙中派著名的，如錢緒山王龍谿等。江右派著名的，如鄒東廓羅念菴劉兩峯聶雙江等。南中派著名的，如王心齋黄五岳朱得之戚南元周道通馮南江等。楚中派著名的，如耿天臺等。北方派著名的，如穆元庵王純甫張宏山孟我疆尤西川孟雲浦楊晉庵南瑞泉等。粵閩派著名的，如方西樵等。泰州派著名的，由王心齋傳下。清初治王學的，多出劉念臺門下，以黃梨洲李二曲孫夏峯劉伯繩湯潛庵等爲最著名。現把對於王學最有關係的記下。

（一）徐愛　愛字曰仁，號橫山，餘姚人。於陽明爲內兄弟。橫山稱弟子，較他人獨早。橫山起初對於陽明教學頗懷疑，後漸覺悟，爲篤信王學的第一人。陽明說道：「曰仁吾之顏淵也。」惜早卒。

（二）王艮　艮字汝止，號心齋，揚州人。他以振興王學爲己任。卒年五十八。著作有心齋全集。他以大學爲依據，以其他經傳子史爲參考。說道：「格爲格式之格，卽絜矩之謂也。吾心一矩也。天下國家如一方形，矩正則方形亦正。故心正則天下國家亦正。方形正則格成。故曰物格。」

（三）王畿　畿字汝中，號龍谿，山陰人。弱冠來受業，資性明敏，長雄辯，後專心流傳王學於吳楚閩越江浙間。卒年八十六。著有龍谿全集。說道：「夫子立教隨時，謂之權法，未可執定。體用顯微，只是一機；心意知物，只是一事。若悟得心是無善無惡之心，意卽是無善無惡之意，知卽是無善無惡之知，物卽是無善無惡之物。蓋無心之心則藏密；無意之意則應圓；無知之知則體寂；無物之物則用神。天命之性，粹然至善，神感神應，其機自不容已。無善可應，惡固本無，善亦不可得而有也，是謂無善無惡。……」後人稱爲他的四無教。他的說法高遠，易流於禪，不免要受人譏評。

（四）錢德洪　德洪字洪甫，號緒山，餘姚人。致仕後，在野三十年，日日講學，卒年七十九。他和龍谿從陽明最久，他專從事物上磨鍊，和龍谿從心體頓悟不同。頓悟近禪，所以後人往往贊成他，而不滿意龍谿。

（五）鄒守益　守益字謙之，號東廓，江西安福人。聽陽明講學有心得，說道：「往吾疑程朱補大學先格物窮理，與中庸愼獨不相蒙，今始知格物即愼獨也。」遂稱弟子。刻陽明文錄，竭力宣傳王學，爲王門正派。

（六）薛侃　侃字尚謙，號中離，廣東揭陽人。從陽明學後，講學於羅浮山永福寺。所著有研幾錄。有人疑陽明類禪，（一）不主張研究書籍。（二）反背晦庵。（三）易蹈空虛。中離代爲辯駁，篤信實踐，不讓他人。

（七）聶豹　豹字文蔚，號雙江，永豐人。以御史按閩，過武林，見陽明大悅。說道：「君子之所爲，衆人固不識也。」惟疑陽明接人太濫，陽明說道：「吾講學非蘄人之信已，行吾不得已之心而已；若畏人之不信，必擇人而與之，是自喪其心也。」雙江稱服。陽明征思田，雙江問「勿助勿忘」功夫，陽明答書道：「此間只說『必有事焉』，不說『勿助勿忘』，專言『勿助勿忘』，是攖空鐺也。」陽明死，雙江設位北面再拜，始稱門生，以緒山爲證。後雙江立靜坐法。

（八）魏良器　良器字師顏，號藥湖，曾從陽明學，時王龍谿落拓非常，見學者輒誹誚，藥湖多方誘致，使他見陽明稱弟子，錢緒山臨事遲滯，藥湖警戒他道：「心何不洒脫！」龍谿工夫懶散，藥湖亦警戒他道：「心何不嚴慄」，對朋友不姑息，兄良弼良政，並事陽明。

（九）張元沖　元沖字叔謙，號浮峯，山陰人。陽明曾稱他「眞切純篤。」浮峯說道：「孔子之道，一以貫之。孟子曰『萬物皆備於我矣。』良知之說，如是而已。」又說道：「學者當先立志，不學爲聖人，非志也。」

（十）胡瀚　瀚字川甫，號今山，餘姚人。從陽明遊，深信「致良知」之學。陽明授傳習錄，究意心學。陽明死後，龍谿、心齋、師泉、雙江四家各立門戶，議論紛紜，今山說道：「汝中天泉證道，其說不無附會。汝止以自然爲宗。君亮分別支離。文蔚偏向求寂，無立脚處。」他的學問，以求心爲主，曾作心箴圖。

（十一）劉邦采　邦采字君亮，號師泉，安福人。曾從陽明學，陽明死後，學者襲他口吻，致失眞相。甚者以揣摩爲妙悟，以縱恣爲樂地，以情愛爲仁，以因循爲自然。師泉說道：「人之生有性有命，性妙於無爲，而命雜於有質，故必兼修而後可以爲學。」又說道：「體用二者不可相離。」

（十二）楊東明　東明，號晉庵，河南虞城人。晉庵晚出，和耿天臺講論王學，當時有詆陽明語的，晉庵輒力辨，學說以氣爲主，說道：「氣質之性四字，宋儒此論適得吾性之眞體，非但補前輩之未發也。蓋盈天地皆氣質也，即天地亦氣質也，五行亦陰陽也，陰陽亦太極也，太極固一氣也，特未落於質耳。」

（十三）劉宗周　宗周字起東，號念臺，山陰人。官至吏部左侍郎，卒年六十八。他的學問，雖亦出陽明緒餘；然兼宗伊川晦庵。他以愼獨爲宗，意極微妙，即屏居獨處，一念萌起，他人未知，而己獨知，即是獨的解釋。說道：「朱子於獨字下補一知字，可謂擴前聖所未發，然專以屬之動念邊事何耶？豈靜中無知乎？使知有間於動靜，則不得謂之知矣。」又說道：「心無存亡，但離獨位便是亡。」又說道：

「獨字是虛位，從性體看來，則曰『莫見莫顯，』是思慮未起，鬼神莫知也。從心體看來，則曰『十手十足，』是思慮既起，吾心獨知時也。然性體中卽在心體中看出。」

有明一代，理學思想變遷，因前繼宋學，而尤能發揮光大。譬如象山一派，在宋原不及濂洛關閩的發達，自陽明出而壁壘一新，嗣陸而才高於陸，從此程朱和陸王分爲二大學派。

第四章　清代理學

清代理學，最爲不振，當時的功令，雖仍注重宋學，然從顧亭林等注重實學，薄宋學爲空談，於是考證的學問，遂獨絕千古。孔廣森的對於公羊，顧棟高的對於春秋，陳奐的對於詩經，段玉裁的作說文解字，阮元的作經籍纂詁，郝氏的治爾雅，「元元本本，殫見治聞，」有功經學實在不小；這就是視宋儒爲不足道，因此復張漢代訓詁學的旗幟，從前程朱陸王之爭，今一變而爲漢宋之爭；雖李二曲作四書反身錄，陸稼書方望溪等亦崇奉宋學，然漢學終盛極一時。至崇奉王學的，大都出自蕺山，不過他的門人，亦大都治程朱學，而尊程朱以攻陽明的，以陸稼書徒爲最甚，亦有調和兩派的，爲夏峯潛庵，至亭林梨洲，一則致力於朱學，一則致力於王學，惟顏習齋學問獨能卓然自立，既不沾沾於朱王，亦不孜孜於漢宋，孟子所說「豪傑之士，雖無文王猶興，」習齋可當之而無愧了。現將清儒列舉於下。

（一）孫奇逢　奇逢字啓泰，又字鍾元，號夏峯，直隸容城人。因後來講學蘇門夏峯，所以學者稱爲夏峯先生。明萬曆末舉於鄉。在京師和左光斗魏大中周順昌等以氣節相友善。親死，廬墓六年。家貧食不能常得他說道：「從憂患困鬱中默識心性本原，生平得力實在此。」後左魏周因黨獄爲逆閹魏忠賢陷，夏峯力救不避。明清間先後薦徵，均不就。後移家居蘇門百泉，率子弟門生且學且耕。每清晨學靜坐雖疾不輟。有問必答，因人而施，無論上中下三等人，均同樣誠意以待。所著有理學宗傳等書。他的理學起初宗象山陽明，晚年參考晦庵之學，致力於愼獨，幷隨處體認天理，說道：「喜怒、哀樂中節，視、聽、言、動合理，子、臣、弟、友盡分，乃終身行之不能盡者。」又說道：「自七十以往，每閱十年功加密，惟獨知之地，不敢自欺，無或懈而已。」他的理學宗傳中，正宗如濂溪、明道、伊川、橫渠、康節、晦庵、象山、敬軒、陽明、念庵、涇陽等，而仲舒以下至明末諸儒謹愼小心的爲其次，橫浦慈湖等混合禪學又其次，議論最爲平允。迥非抱門戶見者可比。

（二）黃宗羲　宗羲字太沖，號棃洲，餘姚人。父遭逆閹忠賢害死，因袖長錐到京以報父仇，適逆閹已誅，乃錐死獄卒等回鄉。師事劉念臺，專致力於學問。明末糾合志士，抵抗清師。後盡力著作，從遊者數百人。嘗說道：「學者必先窮經，經術所以經世，乃不爲迂儒。」又說道：「讀書不多，無以證斯理之變！讀書多而不求於心，則又爲僞儒矣。」有人說：「梨洲之學，以濂洛之統，綜會諸家，橫渠之禮教，康節之象數，東萊之文獻，艮齋止齋之經術，水心之文章，莫不旁推交通自來儒林所未有也。」他不赴淸召。所著有宋元儒學案、明儒學案、易象數論、南雷文定、南雷文約、明夷待訪錄等。他所主爲陽明學，而歸本於愼獨。致良知當從愼獨入手。故所作明儒學案，特推重陽明。不過他主張學問要能實踐，不尙空談。所以對於王學末流的援儒入禪，他非常反對。此外明夷待訪錄的原君原臣篇，能發前人所未敢發，爲排除專制改行憲政的先聲，實屬難得。

（三）顧炎武　炎武字寧人，號亭林。專講求明體達用經世濟人的學問。明末糾合志士抵抗淸師，和梨洲同。母因國亡，不食死。亭林刻苦學問，幷游歷西北諸邊，十餘年後，居華陰，不應淸召。所著有日知錄等。

亭林崇拜程朱的理學。他所定爲學的大要，就是「行己有恥，」「博學於文。」怎樣叫做「行己有恥？」就是關於出入往來辭受取與，皆當有恥。怎樣叫做「博學於文？」就是自一身以至天下國家皆當學習。孟子說得好：「萬物皆備於我矣。」這意思完全相同。他與友人書說道：「竊以爲聖人之道，下學上達之方，其行在孝弟忠信，其職在洒掃應對進退，其文在詩書三禮周易春秋，其用之身，在出處辭受取與，其施之天下，在政令教化刑法，其所著之書，皆以撥亂反正移風易俗，以馴至乎治平之用。而無益者不談，一切詩賦銘頌贊誄序記之文，皆謂之巧言，而不以措筆。其於世儒盡性至命之說，必歸之有物有則五行五事之常，而不入於空虛之論。僕之所以爲學者如此。」亭林的志願可窺見一斑了。

（四）李顒　顒字中孚，號二曲，西安盩厔人。家貧借書讀，無所不學。後南下講學，從者如歸市。清召不應，所著有四書反身錄。和夏峯梨洲並稱三大儒。門人集二曲的遺書，爲二曲集二十二卷。二曲嘗因心體論易，說道：「求易於易，不若求易於己。人當未與物接，一念不起，卽此便是『無極而太極』。及事至念起，惺惺處，卽此便是『太極之動而陽』。一念知斂處，卽此便是『太極之靜而陰』。無時無刻而不以去欲存理爲務，卽此便是『天行健君子以自強不息。』人欲淨盡而天理流行，卽此便是『乾之剛健中正純粹精』。希顏之愚，效曾之魯，斂華就實，一味韜晦，卽此便是『歸藏於坤。』

親師取友，麗澤求益；見善則遷，如風之疾；有過則改，如雷之勇；時止則止，時行則行；見可而進，知難而退；動靜不失，繼明以照四方；則兌巽震艮坎離一一在己，而不在易矣。」又說道：「是故天下治亂視人心，人心邪正視學術，凡學在反身，道在守約，功在悔過自新，而必自靜坐觀心始。靜坐乃能知過，知過乃能悔，悔乃能自新。」可知二曲的學問，是從心學入手。

（五）陸世儀　世儀字道威，號桴亭，太倉人。喜研究理學。明亡後，清召不應。遂隱居講學。因他師事念臺，故雖系出陽明，而仍宗程朱。所著有思辨錄，從小學大學居敬存誠聖經八條目起，及其他人事天道諸子百家無不研究。他作太極圖說，確有見地。說道：「太極二字，原本繫辭，不過祖述孔子之舊；至於主靜立人極，人極二字，則自周子開闢出來；後半惟人也得其秀而最靈一段，都是說人極。人極與太極句句相對，則知人身與天地處處相合，絕非矯揉造作。」這和中庸「天命之謂性，率性之謂道，」孟子「存心養性所以事天，」完全相同。所以他論性，主張性不能離氣質，離了氣質，就要離了天地，因為離了天地，就是在陰陽以外另去尋太極，那末太極落在空虛了。他的至理名言，着實不少。

（六）湯斌　斌字孔伯，號荊峴，又號潛庵，河南睢州人。順治間進士，官至工部尚書，後賜諡文正。曾師事夏峯。理學能不偏不倚，深得伊川晦庵象山陽明的長處。他對淸聖祖說道：「守仁致良知之說，與朱子不相剌謬。」又答陸稼書書說道：「姚江之學，嘉隆以來，幾徧天下；近年有一二巨公倡言排之，不遺餘力，姚江之學遂衰，可謂有功於程朱矣。僕之不敢詆斥姚江者，非篤信姚江之學也，非篤長厚之譽也，以爲欲明程朱之道者，當心程朱之心，學程朱之學；窮理必極其精，居敬必極其至；喜怒哀樂，必求中節，視聽言動，必求合禮，子臣弟友，必求盡分；久之人心感孚，聲應自衆，卽篤信陽明者，亦曉然知聖學之有眞也，而翻然從之。」他說「心程朱之心，學程朱之學，窮理居敬，必極精至，」這和陽明知行合一有甚麽分別呢？

（七）陸隴其　隴其字稼書，平湖人。康熙間進士，曾爲縣令，政績頗善，官至監察御史，後賜諡淸獻。所著有學術辨、三魚堂集、賸言、松陽講義、讀朱隨筆等。曾說道：「嘗謂聖門之學，雖一以貫之，未有不從多聞多見入者，欲求聖學，斷不舍經史。」又說道：「今之學者無他，亦宗朱子而已；宗朱子爲正學，不宗朱子爲非正學。」他論陽明，說道：「學者苟無格物窮理之功，而欲持此心之知覺，以自試於萬變，其所見爲是者果是，而非者果非乎？又况其心本以爲人倫庶物，初無與於我，不得已而應之，以不得已而應之心，而處夫未嘗窮究之事，其不至於顛倒錯謬者幾希！其倡之者雖不敢自居於禪，陰合而陽離；其繼起者直以禪自任，不復有所忌憚；此陽明之學所以爲禍於天下也。」稼書確是晦庵的保障。不過說到陽明的心，「以爲人倫庶物初無與於我不得已而應之，」這未免太忽略了。試將陽明的著作，細細研究，就可以明白。

（八）顏元　元字渾然，號習齋，博野人。幼聰穎勤讀，初崇奉陸王，繼篤信程朱，後覺悟堯舜的大道，不外乎水、火、金、木、土、穀的六府，和正德利用厚生的三事。宋明諸儒討論心性，或主學而不思，或主思而不學，都是錯誤的。他的著作，有存性存學存治存人四編，他的存性說：「以性之善，即在氣質，別無所謂天地之性，孟子言性善，即是謂氣質之善也。」存學說：「以爲古之學一，今之學棼。古之學實，今之學虛，古之學有用，今之學無用。」所以他教人學六藝、冠、昏、喪、祭，必遵古典，且備日記，以考德行。存治說：「井田周官之制，可以斟酌而施之於今，庶可臻於上理也。」存人說「以爲人生存一日，當爲生平辦事一日；不可不先自治。」故常習恭，習恭就是他的自治。他不爲宋明諸儒所限，一意注力於六府、三事、六藝、四教等。專講二帝三王的實用，不尙宋明二代的空談。這是他的獨到處。

（九）戴震　震字東原，休寧人。幼時讀大學章句右經一章，便說晦庵所杜撰。讀書必求其義，閱說文解字乃通，并通十三經。後從江愼修學乃大成。經義聲韻，多有著作。他對於宋儒的言性、言理、言道、言仁、義、禮、智、信，他總要懷疑。說不是六經孔孟的原意。而於晦庵的四書集註尤甚。說道：「朱子注大學，開卷言『虛靈不昧，』便涉異學。其言『以具衆理應萬事，』尤非理字之旨。古人云理解者，尋其腠理而析之也。曰天理者，如莊周『依乎天理，』卽所謂『彼節者有間』也。古聖賢以體民之情遂民之欲爲得理；今人以己之意見不出於私爲理；是以意見殺人，咸自信爲理矣。中庸注，言『性卽理也，』其可乎？」他論性說道：「人與物同有欲，欲也者，性之事也。」又說道：「欲不流於私則仁；不溺而爲慝則義；情發而中節則和；如是之爲天理。情欲未動，湛然無失，是爲天性。」這段話和呂東萊論「貪吝二念孰非至理，」完全相同。

有清一代，考證學獨盛，理學反遠不及宋明，這是什麼理由呢？因爲宇宙倫理等學說，在宋明時代已發揮盡致，儒者只須研究音韻訓詁，以明白古人的眞意。不過漢代的訓詁，因經過秦項二火之後，其勢不得不然。至清朝在宋明之後，對於理學思想，極應發皇光大，乃竟中道夭折。近百年來，朱學派和王學派的暗潮亦逐漸消滅，就是證明研究二人學問的減少之故。東鄰日本國至今兩派對峙，而國勢的蒸蒸日上，咸歸功於王學，這是無可諱言的。

中華民國二十五年十二月初版

群

(25611)

中國文化史叢書 中國理學史一冊

每冊實價國幣壹元伍角

外埠酌加運費匯費

著作者 賈豐臻

主編者 王雲五 傅緯平

發行人 王雲五 上海河南路

印刷所 商務印書館 上海河南路

發行所 商務印書館 上海及各埠